DU HÄLTST DEN SCHLÜSSEL

ZUM SINN DES LEBENS

IN DEINEN HÄNDEN.

LAURA & ANDREW SHERMAN

DAS GEHEIMNIS DER
SMARAGDINA

WAS IM LEBEN WIRKLICH ZÄHLT

THIELE VERLAG

Inhalt

Vorwort

Dieses Buch will einen Einblick in das Geheimnis des Lebens ermöglichen. Es möchte einen Vorgeschmack darauf geben, was ein spirituell erkenntnis- und erlebnisreiches Leben sein kann. Darum bietet es auch keine Theorie, sondern eine Einübung. Eine Einübung in das Denken, das Nach-Denken darüber, was seit Jahrhunderten und Jahrtausenden vor-gedacht worden ist, in der Philosophie, in der Religion, in der Mystik.

Nach-Denken bedeutet jedoch nicht, einfach etwas nachzuholen, was andere praktischerweise schon für uns erledigt haben. In vielen Fällen jedoch meint es ein Nachholen dessen, was wir auf unserem Lebensweg unberücksichtigt gelassen oder vergessen haben. Und was doch für das Verstehen der »Lebensgesetze« unverzichtbar ist.

Nach wie vor spiegelt sich die große Welt des Universums in der kleinen Welt des Menschen. Wir haben die Antwort auf die großen Lebens- und Menschheitsfragen in einem alten Buch gefunden – in der *Tabula Smaragdina*.

In diesem sagenumwobenen, geheimnisvollen alten Buch geht um das Ewige im Vergänglichen, und um diese Weisheit zu erkennen, helfen philosophische Klassifizierungen und religionswissenschaftliche Unterscheidungen nicht viel. Natürlich hat die Spiritualität in jeder Religion ihr eigenes Gesicht, aber es gibt in der Vielfalt auch Gemeinsamkeiten spiritueller Erfahrung und philosophischen Erkennens. Jede Leserin, jeder Leser soll und wird selber Querverbindungen sehen und herstellen können, Zusammenhänge erkennen, die aus ihrem ganz persönlichen Empfinden und Denken kommen.

Daß die hier zusammengestellten Texte aus der *Tabula Smaragdina* und dem *Corpus Hermeticum*, der beiden alten Bücher, kurz und aphorismenhaft sind, heißt nicht, daß sie sinnlos aus dem Zusammenhang gerissen wurden. Sie stehen sehr oft unverbunden nebeneinander, was Absicht ist und worin wir durchaus eine Methode sehen können. Es geht den hermetischen Büchern nicht darum, Traditionen auseinanderzudividieren, sie nach Religionen getrennt zu ordnen. Es geht nicht um klare Trennungen und Unterscheidungen. Sondern es geht um exemplarische und zentrale Bilder und Grunderfahrungen, die sich durch die Existenz des Menschen ziehen, seine Philosophie, seine Religion. Wir wollen jedoch mit der Deutung dieser alten Texte die Möglichkeiten zu lebenspraktischer Umsetzung dieser Bilder und Erfahrungen aufzeigen.

In diesem Sinne sind die hermetischen Schriften, aber auch die Seiten dieses Buches voll von Möglichkeiten, nicht von Verbindlichkeiten. Man muß nichts glauben und für wahr halten, um diese »Gesetze« zu begreifen. Aber man muß sie erkennen wollen, um sie auf sich beziehen zu können. Und man muß bereit sein zu einem großen Abenteuer: den ersten Schritt zu wagen, den Schritt in die eigene Erfahrung. Sonst bleiben diese Texte wie funkelnde Sterne am Firmament, fern, strahlend, aber ohne sichtbare und wirksame

Auswirkung auf unser Leben, auf unser Denken und Fühlen. Man muß buchstäblich diese Sterne vom Himmel holen wollen.

Unsere Erläuterungen und Interpretationen wollen zu dem Abenteuer, das Wesentliche des Lebens zu erkennen, anregen und motivieren. Es ist kein leichter Weg. *Was im Leben wirklich zählt* ist eben nicht leicht, nicht einfach. Wer Ernst macht mit seiner persönlichen Erfahrung, wird Schmerz und Glück erfahren: den Schmerz der Einsicht ebenso wie das Glück der Erkenntnis. Er wird Rückschläge erleben, Schwierigkeiten überwinden. Er wird die Verpanzerung seiner Person aufbrechen müssen, wenn er an den Kern seines vom Göttlichen beseelten Wesens herankommen will. Er braucht viel Durchhaltevermögen und die Bereitschaft zur Kommunikation mit seiner Tiefe und seiner Angefochtenheit. Es geht dabei nicht um kurzfristige, kurzlebige Erlebnisse und rasche Lösungen.

Das Geheimnis der Smaragdina ist für alle, die nach dem guten, dem richtigen Leben suchen. Eine kleine Fibel zur Bewußtseinserweiterung, zur Selbsterkenntnis. Ein Katalysator für das innere Wachstum und für die ganz persönlichen Wandlungsprozesse. 21 Grundsätze enthält das Buch, kristallisiert aus den beiden wichtigsten, aber auch geheimnisvollsten Büchern der hermetisch-mystischen Tradition.

Wir finden hier keine klugen, moralisch korrekten oder liebenswerten Gedanken, die die Seele streicheln und das Innere wärmen. Diese 21 wichtigen, zentralen, unumstößlichen Gesetze sind vielmehr das Kondensat der Grundprinzipien des Lebens auf diesem Planeten und im Kosmos überhaupt. Gegen universelle Wahrheiten

Sturm zu laufen, ist sinnlos. Die *Smaragdina* verändert unweigerlich die Sicht auf das Leben, mögen wir ihr zustimmen oder nicht, mag sie uns erfreuen oder nicht.

»Das Leben ist ein mutiges Abenteuer – oder gar nichts«, hat Helen Keller geschrieben. Vielleicht braucht man wirklich nicht mehr als die 21 Geheimnisse der *Smaragdina*, um das Rüstzeug für das größte Abenteuer überhaupt zur Verfügung zu haben – das Leben.

Die *Smaragdina* hat unser Herz berührt. Sie ließ uns die fragwürdigen, die seltsamen Dinge, die in und mit uns geschehen, besser verstehen. Sie hatte die Kraft, das gefrorene Meer unserer Seelen zum Schmelzen zu bringen. Sie sind – so empfinden wir es und dafür legen wir Zeugnis ab – die Quintessenz unserer menschlichen Existenz. Voller Schmerz, Einsicht und Veränderung.

Widerlegen lassen sich diese Sätze nicht. Doch man kann sich mit ihnen auseinandersetzen, sie durch seine Seele ziehen lassen – und zusehen, was passiert.

Die Tür zu einem zutiefst erfüllenden, wahren Leben liegt in jedem von uns – und dieses Buch liefert den Schlüssel.

Wir wünschen dir den Mut, durch diese Tür zu gehen. Du hältst den Schlüssel dazu in deiner Hand. Öffne das Buch …

Laura und Andrew Sherman

Zum Aufbau des Buches

Wir haben aus der *Tabula Smaragdina* und dem *Corpus Hermeticum*, den beiden wichtigsten Schriften der klassischen hermetischen Philosophie, insgesamt 21 Gesetze herauskristallisiert. Die einzelnen Sätze wurden behutsam dem modernen Sprachgebrauch angepaßt; frühere Übersetzungen sind fast durchweg unbrauchbar, weil allzu antiquiert und verklausuliert; sie bedienen sich einer eingedunkelten Terminologie, die das heutige Verständnis enorm erschwert. Vorsichtig haben wir die Kratzspuren auf den alten Intarsien entfernt, alles leicht poliert, damit die Klarheit und Schönheit dieser Sätze zum Vorschein kommen kann.

Das Geheimnis

bietet eine destillierte Erkenntnis, in der wir Aussage und Intention der *Smaragdina*-Gedanken verdichtet, komprimiert und in einem Zitat zusammengefaßt haben.

Das Geheimnis verstehen

ist der Versuch einer pointierten, prägnanten Interpretation, um den oft verklausulierten, kryptischen Gehalt hermetischer Sätze nachvollziehbar zu machen. Dabei haben wir nicht nur den Inhalt der jeweiligen Sätze zu erfassen gesucht, sondern auch die Intention und den Zusammenhang der hermetischen Schriften berücksichtigt. Das unmittelbare Umfeld, der »Geist«, die spirituelle und philosophische Grundaussage spielt also eine erhebliche Rolle, ohne daß wir dies im einzelnen dargelegt haben.

Das Geheimnis leben

bietet in Gedankenblitzen Anstöße zum Nachdenken über die Frage, welchen Sinn und welche Bedeutung diese »Gesetze« für das persönliche Leben haben können. Wir haben bewußt darauf verzichtet, unsere Anregungen mit Aufforderungssätzen zu formulieren, wie man sie zumeist in esoterischen oder psychologischen Ratgebern findet. Statt dessen werden in zugespitzten Sätzen lebensphilosophische Möglichkeiten angedeutet, wie man sich die Gesetze der *Smaragdina* zu eigen machen kann. Jede Leserin und jeder Leser kann daraus etwas für sein ganz persönliches Leben gewinnen: für die Einstellung zum Leben, das Verhältnis zum Göttlichen, die persönliche Ethik, die Beziehung zur Natur.

Alle, die mehr über die *Tabula Smaragdina*, den *Corpus Hermeticum*, den Autor Hermes Trismegistos, die Herkunft, Historie und Bedeutung dieser alten Schriften erfahren wollen, finden im letzten Kapitel einen kompakten Abriß mit den wichtigsten Informationen.

Das Geheimnis der Smaragdina

Geben wir es zu: wir verstehen das Leben nicht. Nicht wirklich. Nicht das, »was das Leben im Innersten zusammenhält«. Wir spüren eine Fremdheit bei unseren halbherzigen Versuchen, authentisch zu werden, unserer selbst bewußt. Das Leben erscheint uns allzu oft als eine Frage, nicht als Gewißheit, als ein Weg, nicht als Heimat. Eine Frage, auf die wir keine Antwort finden.

An der Schwelle zur Neuzeit hat der französische Philosoph Blaise Pascal (1623-1662) dieses Erwachen zur größten und wichtigsten Frage des Menschseins in knappen, eindringlichen Sätzen beschrieben:

Ich weiß nicht, was mich in die Welt gesetzt hat, ich weiß auch nicht, was diese Welt ist, noch, was ich selber bin. Ich lebe in Unkenntnis aller Dinge … Ich sehe mich von den unermeßlichen Abgründen des Weltalls umgeben und finde mich an einem winzigen Punkt inmitten seiner unermeßlichen Ausdehnung gefesselt, ohne zu wissen, warum ich hier und nicht anderswo bin und warum der winzige Zeitraum, der mir zu leben vergönnt ist, gerade an diesen und keinen anderen Punkt gesetzt wurde – der Ewigkeit, die vorangeht und mir folgt. Überall sehe ich nur Unendlichkeiten, die mich wie ein Atom verschlingen, wie einen Schatten, der nur einen Augenblick dauert und der niemals wiederkehrt. Alles, was ich weiß, ist, daß der Tod mir gewiß ist. Ihn aber, dem ich nicht entgehen kann, kenne ich am allerwenigsten.

Dies ist die Situation, in der die *Smaragdina* ihre Wirkung entfaltet. Damit fängt alles an: Man verliert die Selbstverständlichkeit des trivialen Daseins, im unendlichen Schweigen des Kosmos, in der Zufälligkeit der Entwicklungsgeschichte, unter den Milliarden von Menschen, in der Bodenlosigkeit der eigenen Innerlichkeit und Tiefe ein einzigartiger Mensch zu sein.

Sehnsucht nach Erkenntnis

Wie das *Staunen* nach einem Wort Platons den Anfang der Philosophie bezeichnet, so bildet die *Sehnsucht* nach Erkenntnis, Beheimatung, letzter Evidenz den Beginn mystischer Suche nach dem verlorenen Ursprung und der Einheit mit dem Kosmos.

In der *Smaragdina* finden wir Spuren dieser Sehnsucht: Der Sinn will gefunden sein, also muß er gesucht werden. Sie bietet also keine esoterische Geheimlehre, keine hochfliegende Spekulation, auch keine Theorie, sondern eine spirituelle Suche nach der Mitte, von der alles ausgeht und zu der alles hinführt. Sie fordert heraus, daß der Mensch ein schöpferisches Verhältnis zu sich selbst gewinnt, die Selbstbegegnung, ja -konfrontation riskiert, und dies im Gegenüber zu einer Wirklichkeit, die größer und umfassender ist als er selbst.

Konfrontation mit sich selbst

Nicht wenig Verwirrung fühlen viele Menschen, die sich selber nicht verstehen und nicht wissen, wer sie eigentlich sind. Sie sehen sich vor blinden Spiegeln stehen, die sie mit tauben Fingern berühren. Möglicherweise ahnen sie verschwommen etwas von dem, was sie beseelt und ihnen entgegenleuchten will, aber welche Güte das in sich bergen mag, wer auf dem Grund ihrer Seele wohnt, das können sie kaum entziffern und benennen. So beschreibt die spanische Mystikerin Teresa von Avila am Beginn der Neuzeit in ihrem Buch »Die innere Burg« ihre Erschütterung darüber, daß die einzelnen Menschen bei sich selbst nicht zuhause sind, daß sie sich selbst unbekannt und unvertraut bleiben. Teresa faßt es in das Bild von der Wohnung, als archetypisches Symbol für die Heimat des Menschen.

Die Lektüre der *Smaragdina* beginnt damit, daß Menschen ihr eigenes Dasein, ihre eigene Biographie als ein Problem erleben, daß sie eine fundamentale Differenz zu spüren bekommen, daß sie in einem produktiven Sinn zu leiden beginnen – zu leiden an dem, was sie sind, und dem, was sie sein könnten, aber nicht realisieren. Die

Smaragdina stellt ihnen Visionen vor Augen, wie menschliches Leben eigentlich gemeint ist. Und wie es glücken könnte.

Was nutzt es dem Menschen, wenn er die ganze Welt gewinnt, aber sich selbst so fremd und unbehaust erlebt, wie Teresa von Avila dies beschreibt? Selbsterkenntnis hat mit dem Mut zu tun, sich selbst unendlich wichtig zu nehmen und doch das Ego auszuschalten. Und die Verwandlung auszuhalten, die mit einem geschieht. Die Suche nach der innersten Lebensmitte aber, nach der Wahrheit der eigenen Existenz, folgt der Überzeugung, daß Menschen nur dadurch mit sich selbst vertraut werden und befreunden können, wenn sie das ganze Ausmaß ihrer Selbstentfremdung wahrnehmen, ihrer Leere und Zerrissenheit.

Erkenne dich selbst

Die *Smaragdina* will den Menschen vor einem Rückfall oder einem Stillstand des Lebens bewahren. Sie entspricht vollkommen der Maxime von Delphi: »Erkenne dich selbst.« Im Erkennen lernt der Mensch das Ich als ein äußeres und ein inneres Ich kennen. Das äußere Ich erscheint als die Maske des inneren; wir nennen es Person, Persönlichkeit, denn *persona* heißt Maske. Durch die Maske, die Persönlichkeit, soll das innere Ich hindurchtönen (*personare* = durchtönen). Das innere Ich, das von der Person umschlossen ist, nennen wir Individualität, das Unteilbare im Menschen, also das, durch das er eins ist mit der Einheit. Um die Begegnung mit dieser Einheit geht es der *Smaragdina*.

Wenn der Mensch die Verbindung mit der Einheit erfährt, oder wenn – um es mit einem spirituellen Bild zu sagen – Gott im Menschen geboren wird, dann ist die Person keine Verkleidung mehr, sondern ein irdisches Kleid, das sich das innere Ich angelegt hat, um auch seinem äußeren Leben eine Gestalt zu geben. Dann wird der Mensch vom Tao erfüllt, wird Christus in ihm geboren, wird Gott wiedergeboren in ihm – wie auch immer wir das nennen wollen. Aber zuvor muß er »sterben«. Das hört sich bitter an, und das ist es auch. Der Weg zu dieser Erkenntnis ist hart, weil er uns mit unseren Fehlern, Unzulänglichkeiten, Schwachstellen konfrontiert. Weil er uns zum Nachdenken, ja zum Umdenken zwingt. Weil er mit unbequemen Wahrheiten gepflastert ist, die sich einzugestehen oder zu akzeptieren uns schwerfällt.

Die Frage aller Fragen

Viele Menschen haben den ebenso verzweifelten wie sehnsüchtigen Wunsch, sich über die Prioritäten im Leben klar zu werden, herauszufinden, *was wirklich zählt*. Nicht mehr länger an der eigenen Kaputtheit, an der Banalität, an der Beschädigung des Lebens leiden zu wollen. Sie spüren intuitiv, daß ihnen nicht nur etwas fehlt zum Glück, das sie sich weder beschaffen noch herstellen können, sondern daß es auch mit ihrem Gott nicht mehr weit her ist. Sie haben sich von ihm entfernt oder er hat sich ihnen entzogen; vielleicht sind sie religiös unmusikalisch, auf dem Ohr der Spiritualität taub geworden, oder sie fühlen sogar, daß sie die Melodie ihres Lebens verloren haben.

Doch wenn sie alles hinter sich gebracht haben, den Kinderglauben und die Erwachsenenskepsis, den kritischen Blick auf die Kirche, die Phasen der Zuversicht und des Zweifels, die Euphorien und Enttäuschungen, die Anfälle von religiöser Resignation – wenn sie das alles hinter sich gebracht haben und sich ohne Trost und Halt einer gefährlichen Zukunft ausgesetzt fühlen, dann wird in ihnen noch immer die eine Frage wach, die sich hinter der »fünfzigsten Pforte« (Martin Buber), hinter der Vernunft auftut, die sie anblickt und die sie nicht verstehen, weil sie sich durch sie selbst in Frage gestellt sehen: die Frage nach Gott und nach dem Weg zu ihm.

Inmitten eines banalen Funktionierens, eines schal gewordenen Lebens, mitten aus den Kalamitäten ihrer sinnfreien Existenz hören wir den Schrei nach mehr Sinn, nach größerer Erfüllung, nach einem authentisch gelebten Leben. Die *Smaragdina* kann wie eine Initialzündung auf der Suche nach dem gelungenen Lebensentwurf, nach Selbst- und Gottesbegegnung wirken – einer Suche, die das vernünftige Nachfragen aushält und nicht erübrigt.

Die gesamte hermetische Tradition – geprägt von Büchern wie die *Tabula Smaragdina* und den *Corpus Hermeticum* – geht aus vom Erleben der Ungewißheit, des Getrenntseins vom Ursprünglichen, der Fremdheit und einer tiefen Sehnsucht nach Heimat und Verwurzelung. Ohne solche Fragen gibt es kein Verlangen nach unmittelbarer Gewißheit, nach der Präsenz des Göttlichen, das den Abgrund zwischen Mensch und Natur, Mensch und Gottheit aufhebt und überwindet.

Vom Umgang mit dem Geheimnis

Von Anfang an wurde die *Smaragdina* als geheimnisvoller Text gesehen, schwer zu deuten und nachzuvollziehen. Verborgen erscheint das Geheimnis, das wir selber sind, über das zu einer Klarheit zu kommen vielleicht das einzig Notwendige im Leben sein kann. Es gibt ein Mittel, das Geheimnis zu erkennen, nämlich es zu enthüllen. Aber ein enthülltes Geheimnis ist eigentlich keines mehr. Durch eine solche Art und Weise, mit dem Leben fertig zu werden, wird vielmehr eine wichtige Dimension des inneren Erlebens zerstört.

So wirft die *Smaragdina* Fragen auf und setzt sie auf beunruhigende Weise im Leser fest. Sie bringt die »Frage aller Fragen«, die Frage nach dem Wesentlichen des Lebens und nach seiner eigentlichen Bedeutung, so zur Sprache, daß sie gleichsam in einer *lebendigen* Ordnung angeschaut und dann vielleicht auch beantwortet werden kann. Die Durchdringung des Intellekts von der Intuition dürfen wir als eine besondere schöpferische Leistung des Menschen ansehen. Die *Smaragdina* nennt es »Kunst und Wissenschaft«. Dieses schöpferische Geheimnis zu leben bedeutet: den fraglosen Rückhalt des Alltags und seiner Gewohnheiten aufzugeben, wenigstens den ersten Schritt zu wagen und sich ergreifen zu lassen, um diese mysteriösen Bilder und Gleichnisse zu begreifen. Wer eine Blume »verstehen« will, der muß sie auf einer blühenden Wiese oder in einem farbenprächtigen Garten anschauen, muß sie sinnlich »in sich aufnehmen«, den Reiz ihrer Formen und Farben, ihres Duftes und ihrer Bewegungen im Wind wahrnehmen. Wenn sie ausgerissen und analytisch untersucht und in ein Herbarium eingesperrt wird, wird sie ihr »Geheimnis« nicht preisgeben.

Ähnlich ist es mit den Bildern der *Smaragdina*. Man muß sie durch sich hindurchgehen lassen, immer und immer wieder. Man kann ihrem Geheimnis intuitiv auf die Spur kommen, jedoch nicht mit dem Seziermesser der Vernunft. Man soll hinter die Dinge schauen und jeglicher Ablenkung widerstehen, ihr inneres Wesen wahrnehmen, ihr Leuchten, das in die Seele brennt. Erst dann kann man die Einheit des Daseins erkennen, den Zusammenklang hören, der die Welt im Innersten zusammenhält.

Ob wir das Ziel der Begegnung mit dem Absoluten, uns Ergreifenden Gott nennen, oder Nirvana, oder Tao, ist von Religion zu Religion verschieden. Es ist letztlich auch nicht wichtig. Das Geheimnis kann jenseits aller konfessionellen Standpunkte und Kontroversen als das große Gemeinsame aller Weltreligionen und aller Lebensphilosophie gelten.

Die *Smaragdina* führt uns auf einen Weg wachsenden Eintauchens in den Strom der Dinge und Wesen, ihre Lektüre ist wie ein Sprung in den Brunnen. Im klaren Wasser dieses Brunnens können wir all das erkennen, was uns allzusehr an die Welt bindet und was uns daran hindert, dem wirklich Bedeutsamen und Bedeutungsvollen des Lebens auf die Spur zu kommen. Das Wasser dieses Brunnens der Weisheit vermag blaue Adern in den verkrusteten, vertrockneten Boden unseres Lebens zu treiben.

Das Wunder der Schöpfung

Die *Smaragdina* ist an äußeren Geschehnissen nicht sonderlich interessiert, um so mehr an der zutiefst irritierenden Erfahrung mitten in der Seele des Menschen: Jenseits der Offenbarung, im Absoluten, am Ziel und Ausgang des Lebens, befindet sich der suchende Mensch als eins mit der Einheit, erlebt er sich als im Einklang mit Gott, zeigt sich in ihm eine ursprüngliche Harmonie, zu der ihn seine Sehnsucht geführt hat. Es ist ein immer neues Werden, in dem sich das Leben vollendet.

Plötzlich leuchtet mitten im Alltäglichen etwas auf, das für den normalen Umgang mit den Dingen und für das gewöhnliche Bewußtsein nicht sichtbar war. Die inwendige Seite des Alltäglichen wird erlebt: im Erwachen zu den Dingen, in der Konzentration auf das Wesentliche, in der Einsicht des Grundes. Jetzt wird die Sehnsucht geboren, aus einer tiefen, unauslotbaren Unruhe des Herzens, die man eines unverhofften Tages in sich spürt. Plötzlich erscheint alles in einem neuen Gewand, in einem anderen Licht, in einer ungewohnten Farbigkeit. Das Leuchten der Augen, die diese Schöpfung mit liebendem Blick anschauen, wird vielleicht intensiver. Unmerklich zunächst, dann immer bewußter, durchmischen sich die Freude am Lebendigen und der Schmerz der Trauer. Die Wunden und Wunder der Schöpfung prägen sich tief ein und rufen ein nie zuvor gekanntes Verlangen hervor, die Abgründe überbrücken, die Wunden heilen, die Trennungen überwinden zu können. Man wird durchdrungen von einem starken Gefühl der Freude, der unbändigen Zustimmung.

Das ist es, was die Erkenntnisse der geheimnisvollen *Smaragdina* auslösen können: das Erwachen zu tiefster Emotionalität, das beseelt ist von göttlicher Nähe, von Einswerden mit dem Kosmos, das unterschiedslos alle Wesenheiten in sich birgt. Dieses Allgefühl ist euphorisch und bestürzend zugleich, denn plötzlich sieht man das kostbar gehütete, isolierte Ich, das man für so wertvoll gehalten hat, aufgehen in einem ozeanischen Gefühl, in einem unendlichen Meer, im Licht des Nichts. Der große Weg findet sein Ziel im Vertrauen, geborgen zu sein: »Dir kann nichts geschehen, du bist in Sicherheit, das Leben hält dich umfangen.« Das Erlebnis letzter Geborgenheit und Identität weitet sich zur Erfahrung, nicht nur für einen unwesentlichen, vergänglichen und zufälligen Augenblick lang eingetaucht zu sein in das Göttliche, sondern in den tiefsten Schichten der eigenen Existenz mit allen Wesen und Wirklichkeiten, die es gibt, zu kommunizieren. Es handelt sich dabei um ein immer wieder aufleuchtendes Erlebnis der Verbundenheit, ein Bewußtsein davon, nicht aus dem Schoß der Schöpfung herausfallen zu können.

Wegweiser für die spirituelle Suche

Doch wendet sich die *Smaragdina* überhaupt noch an uns – die wir ein paar tausend Jahre Zivilisationsgeschichte hinter uns haben und damit eine ganz andere Erfahrung als die Menschen im alten Ägypten, im antiken Griechenland, im magischen Mittelalter? Wir finden: durchaus. Sie hat uns in ganz wenigen Sätzen eminent viel zu sagen. Noch immer und immer wieder. Die spirituelle Suche, zu der die *Smaragdina* inspiriert, beginnt auch für uns an jenem kleinen Punkt, an dem wir über unser kleines zugefallenes Stück Leben hinausgelangen, die Augen öffnen und die Kraft zur Verbundenheit in allem entdecken, was in und mit uns lebt.

Womöglich ist diese Fähigkeit bei dem einen Menschen stärker, bei einem anderen schwächer ausgebildet. Aber sie läßt sich bis zu einem gewissen Punkt lernen. Sie ist ein Weg, nicht ein Ziel. Und dieser Weg beginnt dort, wo man selber ein Licht ansteckt in einer Stunde der Verzweiflung, der Orientierungslosigkeit und vielleicht einer zugleich verrückt erscheinenden Zuversicht. Dies ist vielleicht nur ein kleiner Weg zum Göttlichen, mit nicht viel Hoffnung und Zutrauen gepflastert. Aber mehr haben die meisten von uns nicht, als diese »Mystik der leeren Hände«, die offen sind für das Wunder, »das sich wohl noch einmal findet« – wie in dem berühmten Gedicht des spanischen Mystikers Johannes vom Kreuz:

> *Alle Schönheit auf der Welt*
> *Wird mein Herz niemals gewinnen,*
> *Sondern nur – ich weiß nicht was,*
> *Das sich wohl noch einmal findet.*
>
> *Ward ein Mensch in seinem Willen*
> *Einmal nur von Gott berührt,*
> *Nimmer mag ihn etwas stillen,*
> *Als die Gottheit, die er spürt.*
>
> *Doch weil nur dem Glauben zündet*
> *Ihrer Schönheit Übermaß,*
> *Faßt er an – ich weiß nicht was,*
> *Das sich wohl noch einmal findet.*

Die 21 Gesetze des Lebens

Anima

die Seele

Das Geheimnis:

Du kannst das ganz Große wagen.

🙦 Wenn du deine Seele im Körper verschließt, sie kleiner machst und sagst: Ich verstehe nichts, ich kann nichts, ich fürchte das Meer, in den Himmel kann ich nicht steigen, ich weiß nicht, wer ich bin, und auch nicht, wer ich sein werde: Was willst du dann mit Gott?

🙦 Laß deine Seele in den Himmel fliegen. Sie wird keine Flügel nötig haben, ihr wird nichts im Weg sein, weder das Feuer der Sonne noch die Luft. Sie wird alles durchdringen und bis zum letzten Himmelskörper fliegen.

Das Geheimnis verstehen.

Unglaubliche Sätze, nicht wahr? Sätze gegen jede Verzagtheit, voll ultimativen Zutrauens in die Kraft der Seele, sich über den Körper, in dem sie steckt, zu erheben zum großen Flug. Der Körper ist unsere Begrenzung, die Seele jedoch ohne jede Grenze. Für sie ist alles möglich: das große Gefühl der Liebe ebenso wie die beseelte künstlerische und wissenschaftliche Tat.

Gibt sich der Mensch jedoch mit seinen Halbheiten und Selbstzweifeln, seinen Minderwertigkeitsgefühlen und Ängsten zufrieden, ist jegliche Suche nach dem Göttlichen hinfällig und sinnlos. Nur wenn ich weiß, wer ich bin und was ich sein kann, werde ich meiner Seele den Antrieb geben können, mit dem sie sich über die erschöpfte Welt zu erheben vermag. Nur dann kann sie bis zum Himmel fliegen, in die grenzenlose Weite. Nur dann kann sie ihren Träumen und Visionen folgen. Es beginnt immer mit der Selbsterkenntnis – und mit dem prinzipiellen Mehr – *mehr* wünschen, *mehr* sein wollen, *mehr* können.

Keine Phantasie reicht hin, den großen Weg zu ermessen, die Auf- und Abstiege, das Vorwärtsziehen. Alles beginnt mit dem Anfang einer Reise, die Risiken in sich birgt und Abenteuer verspricht. Das Unterwegssein, der Flug der Seele sind Bilder für den seelischen Prozeß, der nie statisch verläuft, sondern immer dynamisch. Die Nähe zum Göttlichen kann mit jedem Schritt wachsen, der in die immer mögliche Überraschung hinein getan wird.

Das Geheimnis leben.

🙠 Die Kraft, die du brauchst, ist in dir.

🙠 Hingabe nimmt dir keine Kraft, sie macht dich stärker.

🙠 Leidenschaftliche Menschen ergreifen, was sie lieben, und geben niemals auf.

🙠 Es kommt darauf an, die Seele in Schwung zu bringen – und zu halten.

🙠 Du kannst nicht den Himmel stürmen, wenn in dir nur tote Erde ist.

🙠 Es ist wichtig, etwas zu tun, von dem die Leute sagen, daß man es sowieso nicht schafft.

🙠 Weniges zu tun, dieses aber intensiv, ist ein wunderbares Gefühl.

Niemals wirst du dich der Welt recht erfreuen,
ehe nicht die See selbst in deinen Adern fließt,
dich der Himmel umhüllt und die Sterne dich krönen.
Und betrachte dich als den einzigen Erben der ganzen Welt –
und mehr als das, denn Menschen sind in ihr,
von denen jeder einzelne einziger Erbe ist, genau wie du.

THOMAS TRAHERNES

Ein Mensch in Gott

Ein Mensch in Gott ist trunken ohne Wein und satt auch ohne Fleisch.
Ein Mensch in Gott ist entzückt und voll Staunen,
er braucht weder Nahrung noch Schlaf.
Ein Mensch in Gott ist König unter einem Derwischmantel,
ein verborgener Schatz in einer alten Burg.
Ein Mensch in Gott ist nicht aus Erde und Wind,
nicht aus Feuer und Wasser.
Ein Mensch in Gott ist Teil vom grenzenlosen Meer
und regnet Perlen aus wolkenlosem Himmel.
Ein Mensch in Gott hat hundert Monde und Himmel,
ja hundert Liebessonnen.
Ein Mensch in Gott wird weise durch Betrachtung
der Wahrheit, nicht durch Bücher.
Ein Mensch in Gott stellt sich die Frage nach dem rechten Glauben nicht.
Richtig und falsch sind ihm zwei Hälften einer Sache.
Ein Mensch in Gott wirkt nicht im Alltagsleben.
Sein Glanz bleibt ihm und anderen verborgen.
Ein Mensch in Gott hat strahlende Begleiter, o Schamsi-din!
Suche und finde sie.

DSCHALAL-ED-DIN RUMI

Bonum

das Gute

Das Geheimnis:

Das Gute kennt keinen Anfang

und kein Ende.

❧ Das Gute ist ohne Grund, ohne Grenzen, ohne
Anfang und Ende. Und dies sind die guten Kräfte:
die Erkenntnis Gottes, die Erkenntnis der Freude,
die Mäßigkeit, die Enthaltung, die Gerechtigkeit, die
Freigebigkeit, die Wahrheit.

Das Geheimnis verstehen.

Als wüßten wir nicht, was das Gute ist! Doch wissen wir es wirklich? Vielleicht halten wir etwas für gut, weil es *uns* gut tut. Uns allein. Das hat seine Berechtigung, jedoch mit dem, was hier als das Gute bezeichnet wird, nichts oder nur wenig zu tun.

Ohne Grund ist das Gute, grenzenlos, anfanglos, endlos. Ohne Grund, bodenlos. Ohne Grund, bedingungslos. Grundlos gut sein. Viele Bedeutungen schwingen hier mit. Die guten Kräfte, die hier genannt werden, umfassen die Möglichkeiten, ein Leben als »gut« zu bezeichnen – ein Leben, das ein paar Tugenden folgt, das vor allem aber einer unanschaulichen Mitte entspringt, einem geheimnisvollen, inneren Raum. Wie in der Mitte des Taifuns, im Auge des Orkans alle Stürme zum Stillstand kommen, so ist der innerste Bezirk des Menschen ein Ort äußerster Ruhe und Gelassenheit. Nur mit einem ruhigen, gelassenen Herzen kann man Gutes tun.

Wer wollte es nicht, sein Leben in Güte führen? Wer wollte nicht das Herz der Welt in sich schlagen hören und glauben, daß es im Takt, im Einklang mit jener Mitte geschieht, in der man zu sich selbst kommen und aus der heraus man seinem Leben Ordnung geben kann? Es kommt darauf an, immer wieder diese Mitte zu suchen, das Außen mit dem Innen in Verbindung zu bringen, das Innen mit dem Außen, die Welt und das eigene Ich miteinander kommunizieren zu lassen. Und das Gute wahr werden zu lassen.

Das Geheimnis leben.

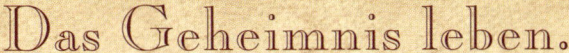

❧ Das gute Leben ist ein Prozeß, kein Zustand. Es ist eine Richtung, kein Ziel.

❧ Was du gibst, macht dich nicht ärmer.

❧ Das Glück liegt in uns und nicht in den Dingen.

❧ Man lebt nicht, wenn man nicht für etwas lebt.

❧ Die Quintessenz des Glücklichseins: nicht von etwas, sondern für etwas leben.

❧ Es gibt keinen Weg zum Glück. Das Glück ist der Weg.

❧ Man muß das Gute tun, damit es in der Welt ist.

Auf die Tat selbst, nicht auf die Früchte der Tat
kommt es an. Du mußt das Rechte tun.
Vielleicht steht es nicht in deiner Macht,
vielleicht geschieht es nicht zu deiner Zeit,
daß die Früchte wachsen. Aber das heißt nicht,
daß du damit aufhören sollst, das Rechte zu tun.
Vielleicht wirst du nie erfahren, was das Ergebnis
deiner Taten sein wird. Aber wenn du nichts tust,
wird es gar kein Ergebnis geben.

Mahatma Gandhi

Der beste Teil im Leben eines guten Menschen —
seine kleinen, unerwähnten, in Vergessenheit
geratenen Gesten der Güte und Liebe.

WILLIAM WORDSWORTH

Wie der zunehmende Mond täglich größer, heller
und schöner wird, so kann man bei einem Menschen,
der voller Hingabe an die heilsamen Dinge ist,
der auf sein Gewissen achtet und voller Feingefühl
für das Gute ist, der sich um die heilsamen Dinge bemüht
und Erkenntnis besitzt, täglich einen Fortschritt
im Guten erwarten.

GAUTAMA BUDDHA

Cognitio

die Erkenntnis

Das Geheimnis:

Nur die Seele erkennt das Gute.

❧ Was schön ist, das ist auch gut. Es wird aber in der Welt nichts Gutes begriffen, denn was die Augen zu erkennen vermögen, sind Bilder und gleichsam Schatten, nicht jedoch das Wesen des Guten. Die Augen können Gott nicht sehen, also auch nicht das Gute.

Das Geheimnis verstehen.

Wie wir hier sehen, identifiziert die hermetische Philosophie das Schöne mit dem Guten. Doch beides ist den Sinnen nicht zugänglich. Schatten, Trugbilder täuscht uns die sinnliche Wahrnehmung vor; tiefere Regionen des Geistes und der Erkenntnis vermag sie nicht zu erreichen. So wie die Augen Gott, den großen Unsichtbaren, nicht zu sehen vermögen, so bleibt alles das unerkannt, was über »Bilder« hinausgeht. Das Wesen des Guten jedenfalls kann so nicht wahrgenommen werden. Wer Gott »sehen« will, das Gute und das Schöne, wer das Glück erkennen will, braucht einen anderen Zugang zur Wirklichkeit. Besser: den Zugang zur anderen Wirklichkeit. Wie den Schlüssel zu einem Tor, das ihm versperrt ist, durch das er jedoch gehen muß, um zum Wesentlichen zu gelangen. Zu dem, was wirklich zählt.

Unausgesprochen ist damit wiederum die Frage nach der Mitte gestellt, die sich in der Meditation erschließt. Meditation jedoch beginnt damit, äußere Sinneseindrücke auszublenden und sich auf das Innere zu konzentrieren. Nur hier kann der göttliche Urgrund gefunden werden. Die Hermetiker denken die Welt, das eigene Ich und die Gottheit nicht neben- oder unter- oder auseinander, sondern prinzipiell so ineinander, daß die Mitte der Gottheit, der Welt und des Ichs ineinanderfallen. Bewußtes Leben ist dann der Weg zu diesem inneren Raum, die Suche nach einem tragenden und bergenden Grund. Es ist ein tröstliches Bild, gerade im Innersten unserer selbst Gott zu finden.

Das Geheimnis leben.

🙰 Schön ist alles, was man mit Liebe betrachtet.

🙰 Die kostbarsten Dinge sind am schwersten zu
erkennen, weil sie so offensichtlich sind.

🙰 Wo Licht ist, ist auch Schatten.

🙰 Man sieht oft etwas hundert- oder tausendmal, ehe
man es zum allerersten Mal wirklich sieht.

🙰 Was du siehst, liegt nicht in dir, sondern nur vor dir.

🙰 Das meiste sehen wir, wenn wir die Augen
schließen.

🙰 Türen, die nach innen gehen, öffnen sich langsam.

Hier ist mein Geheimnis. Es ist ganz einfach.
Man sieht nur mit dem Herzen gut.
Das Wesentliche ist für die Augen unsichtbar.

ANTOINE DE SAINT-EXUPÉRY

Beobachten Sie sich ständig, das genügt.
Die Tür, die Sie einschließt, ist die gleiche Tür,
die Sie herausläßt. Sie heißt »Ich bin«.
Halten Sie sich an sie, bis sie sich öffnet.
Tatsächlich ist sie offen, aber Sie sind nicht davor.
Sie warten an gemalten Türen,
die sich niemals öffnen werden.

NISARGADATTA MAHARAJ

Die Statue des Michelangelo

Eines Tages wurde Michelangelo von einer reichen Familie beauftragt, eine Statue von außergewöhnlicher Schönheit zu erschaffen.

Er suchte daraufhin nach einem geeigneten Marmorblock. Nach einer ganzen Weile fand er in einer Seitenstraße einen fast vollkommen von Unkraut überwucherten Marmorstein, der dort vergessen worden war. Diesen Block ließ Michelangelo von seinen Gehilfen in sein Atelier bringen.

Dann begann er damit, die Statue des David aus dem Stein zu hauen. Dafür brauchte er zwei Jahre. Und zwei weitere Jahre dauerte es, bis er die Figur durch Schleifen und Polieren fertig stellte.

Als die Statue feierlich enthüllt wurde, waren viele Menschen gekommen, um die unvergleichliche Schönheit des David zu bewundern. Man fragte Michelangelo, wie es ihm denn möglich gewesen war, eine so wunderschöne Statue zu erschaffen.

Der Bildhauer sprach: »Der David war immer schon da gewesen. Ich mußte lediglich den überflüssigen Marmor um ihn herum entfernen.«

Divinum

das Göttliche

Das Geheimnis:
Die Seele kann göttlich werden.

❧ Erkennt die Seele die Herrlichkeit des Guten, kann sie selbst göttlich werden. Bleibt sie jedoch dem Bösen verfallen, so wird sie weder unsterblich noch wird sie des Guten teilhaftig.

Das Geheimnis verstehen.

Mit Gott eins werden zu können, ist eine Vision, eine Hoffnung der Mystik, die im Mittelalter immer wieder beschrieben, illuminiert, gefeiert wurde. Und wir heute, müssen wir wie die Blinden von der Farbe reden? Welche Möglichkeiten bleiben *uns*, die wir vielleicht die Nähe zu Gott ersehnen und suchen, sie aber nicht erleben? Muß sie für uns eine Kopfgeburt bleiben, eine Art intellektueller Selbstbetrug, eine vage, durch nichts begründete und letztlich leere Vorstellung, mit der wir unsere Einsichten mit dem gelebten Leben selbst verwechseln?

Das Göttliche ist im Verständnis der *Smaragdina* keine einmal definierte, feststehende Größe. Es ist lebendigste, dynamischste Wirklichkeit. Gott *ist* weniger als daß er *wird*: Gott hat die Absicht, im Menschen neu geboren zu werden, sich mit der Welt untrennbar zu verbinden. Die Gottesgeburt im Menschen ist vielleicht das stärkste Symbol überhaupt: Durch alle Leiden und Schmerzen, durch die Verirrungen und Verfehlungen der Seele wird Gott *wirklich*. Seine Geburt ereignet sich immer wieder von neuem in jedem Menschen, dessen Seele sich für diese Empfängnis bereitet.

So wird die Einheit mit dem Grund aller Dinge gesucht, soll die erfahrene Vielheit und Getrenntheit überwunden werden zugunsten von Einheit und Identität. Erlebbar soll das werden, was immer da ist, was den Grund der Welt bildet, auch und gerade, wenn es nicht direkt erfahrbar ist: Gott in allen Dingen, Offenbarung des Seins in der Natur.

Das Geheimnis leben.

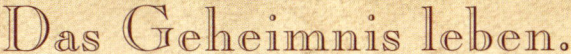

&❧ Du bist Gott näher als du dir selbst bist.

&❧ Wenn dir ein Wunder geschieht, glaube es.

&❧ Die Offenbarung fällt nicht vom Himmel, sie wird
in dir geboren.

&❧ Es gibt keine Abkürzung auf dem Weg zu Gott.

&❧ Wenn du Gott freien Lauf läßt, läuft er direkt
zu dir.

&❧ Von allen traurigen Worten sind dies die
traurigsten: Es hätte sein können.

&❧ Gehe nicht den einfachen Weg.
Gehe den schweren Weg.

Exemplum

das Abbild

Das Geheimnis:

In allem kann ein Bild des

Göttlichen erkannt werden.

❦ Ob du wachst oder schläfst, zu Wasser oder zu Lande reist, ob es Tag oder Nacht ist, du sprichst oder schweigst – es ist alles ein Bildnis der Gottheit.

Das Geheimnis verstehen.

Alle Vorgänge und Äußerungen des Lebens werden hier gleichsam in einer göttlichen Qualität gesehen. Es liegt etwas Unausweichliches in diesem Satz, als ob der Mensch in seinen Handlungen Gott gar nicht verfehlen könne. Doch die Rede ist nicht von einer raschen Identifikation unseres Denkens, Handelns und Erlebens mit der Gottheit, sondern von einem *Bildnis*. Was ich tue, ist ein *Abbild* der Gottheit. Gott kann nur und insoweit erkannt und erlebt werden, wie ich ihn in meinem Leben selbst zum Ausdruck bringe. Eine Offenbarung, die anders als in der Erfahrung nicht geschieht.

In fast allen unseren Lebensbereichen ist der schleichende Bedeutungsverlust zu spüren, der eine solche Erfahrung der Göttlichkeit verhindert. Und es gibt nur eine einzige Möglichkeit, bestimmten Dingen und Handlungen wieder Bedeutsamkeit zu geben: trotz aller gegenläufigen Erfahrung die Müdigkeit und Resignation, die in erloschenen Träumen ihr schattenhaftes Dasein fristen, zu überwinden und wirkliche Freude zu empfinden. Das Ruder herumzureißen, mit dem man die Empfindungen des Lebens ins graue Nichts steuert. Das Leben läßt sich nur dann als bedeutungsvoll erfahren, wenn alles, was mir geschieht – auch Krankheit, Sorgen, Nöte aller Art – als Bestandteil eines Gott abbildenden Lebens empfunden wird und nicht als dessen Infragestellung.

Das Geheimnis leben.

❧ Folge deinem inneren Bild von dir.
Mach was aus dir.

❧ Es gibt kein beglückenderes Gefühl, als zu spüren,
daß man für andere Menschen etwas sein kann.

❧ Es kommt nie auf die Zahl, immer auf die
Intensität an.

❧ Wenn du den Dingen oder Menschen um dich
herum erlaubst, von Bedeutung für dich zu sein, dann
werden sie dir auch etwas bedeuten.

❧ Gott ist nicht der Maler deines Lebens. Er gibt dir
nur die Leinwand und die Farben.

❧ Du bist verantwortlich. Das ist die Freiheit, nach
der du dich gesehnt hast.

❧ Das Schlimmste, was dir passieren kann: Du
verlierst etwas, das von Bedeutung für dich ist.

Ich bin ein reines Nichts; aber Gott ist alles in mir.
Er lehrt mich, er wirkt, er redet in mir,
ohne daß die Natur dazu mehr beitrüge
als das einfache Werkzeug, wie ein Pinsel
zur Kunst des schönen Gemäldes beiträgt.

ANTOINETTE BOURIGNON

Auf des Wassers Tropfen achtend
Ich des Weltmeers Wesen fand;
Sonnenstäubchen still betrachtend
Hab' die Sonne ich erkannt.

ASKERI

Der Traum des Schmetterlings

Tschuang-Tse erzählt folgende Geschichte: Ein Mann träumt, er sei ein Schmetterling. Leicht fliegt er von Blume zu Blume, er öffnet und schließt seine Flügel, ohne die geringste Erinnerung an sein menschliches Dasein. Als er aufwacht, bemerkt er erstaunt, daß er ein Mensch ist. Doch er fragt sich: Bin ich wirklich ein Mensch, der geträumt hat, ein Schmetterling zu sein? Oder ein Schmetterling, der träumt, ein Mensch zu sein? Er wird niemals eine Antwort auf diese Frage finden.

Aus China

Die wichtigsten Worte

Als der französische Schriftsteller Albert Camus gebeten wurde, seine zehn wichtigsten Worte aufzuschreiben, notierte er folgende Liste in sein Tagebuch: »Die Welt, der Schmerz, die Erde, die Mutter, die Menschen, die Wüste, die Ehre, das Elend, der Sommer, das Meer.«

Meine zehn wichtigsten Worte:

....

....

Fulgere

das Strahlen

Das Geheimnis:

Der Mensch strahlt in seinen

Künsten und Wissenschaften.

ᐒ Die Strahlen Gottes sind Wirkungen, die Strahlen
der Welt sind Naturen, aber die Strahlen der
Menschen sind Künste und Wissenschaften.

Das Geheimnis verstehen.

Suche die Einsamkeit. Nur in der Stille kann die Aufmerksamkeit von der Außenwelt abgewendet werden, können die Sinne gesammelt und die im Inneren wirbelnden Gefühle und Vorstellungen allmählich beruhigt werden. Die konzentrierte Loslösung von der äußeren Welt und die Unterbindung der ungestümen Affekte und Begierden bewirken schließlich ein tiefes Gefühl der Abgeschiedenheit und inneren Freiheit. Doch die Ausstrahlung des Menschen liegt nicht allein in seiner Versenkung, in der Stille, in welcher sich seine Gedanken auf Gott richten können. Seine Ausstrahlung erfährt der Mensch in seinem Handeln. Wir dürfen uns unter »Kunst« und »Wissenschaft« nicht die heutigen Bedeutungen vorstellen – die *Smaragdina* dachte das viel umfassender: Kunst war das, was der Mensch in seiner tiefsten Seele zum Ausdruck bringt und wem er eine Form gibt: im Gesang, im Kunstwerk, in der Dichtung. Und »Wissenschaft« war sehr viel mehr als was moderne Forschung darunter versteht: eine umgreifende Tätigkeit des Verstandes, die Welt zu erfassen, das Göttliche zu erkennen und das Gesetz des Lebens zu bestimmen.

Das Leben erscheint der *Smaragdina* in einem umfassenden Sinn: nicht als bloßes Funktionieren unter ökonomischen Gesetzen und als kaum anders als banal zu nennender Alltag. Es ist ausdrucksstark im Gefühl und im Verstand des Menschen, in seiner Kunst ebenso wie in seinem brennenden Verlangen nach Wissen und Erkenntnis.

Das Geheimnis leben.

 Wenn du denkst, daß du es kannst, dann kannst
du es auch. Wenn du denkst, daß du es nicht kannst,
dann kannst du es auch nicht.

 Unser einziges wirkliches Glück besteht darin,
uns für einen sinnvollen Zweck zu verschwenden.

 Letzten Endes kommt es im Leben nicht darauf an,
was du weißt, sondern was du tust.

 Gedanken sind Kräfte.

 Das Leben ist keine Tatsache, das Leben ist eine Kunst.

 Du mußt etwas ausdrücken, um einen Eindruck zu
hinterlassen.

 Phantasie ist die Quelle vieler Tatsachen.

Was wir wissen ist ein Tropfen.
Was wir nicht wissen – ein Ozean.
Isaac Newton

Genius

die Begabung

Das Geheimnis:

Gemüt und Sprache sind die

Begabung des Menschen.

❧ Von allen sterblichen Tieren ist der Mensch mit
zwei Dingen begabt: mit dem Gemüt (der Seele
Gottes) und mit der Sprache, die der Unsterblichkeit
an Würde gleichkommt.

Das Geheimnis verstehen.

Zwei »Begabungen« unterscheiden den Menschen vom Tier: das Gemüt – das die *Smaragdina* mit der »Seele Gottes« identifiziert – und die Sprache. Läßt der Mensch diese Begabungen verkümmern oder wir ihm die Entfaltung dieser Talente entfaltet, verkümmert er so sehr, daß sein Leben nicht mehr menschlich genannt werden kann.

Das Gemüt ist sehr viel mehr, als in unserem Wort »Gemütlichkeit« heute mitschwingt. Nicht um Wohlbehagen geht es, nicht um Ambiente und Atmosphäre, sondern um die wesentlichste Erlebens- und Ausdrucksform, die man sich vorstellen kann: Nur wenn er Gemüt hat, wenn er seine Seele atmen und sprechen läßt, wenn er sich als beseelt wahrnimmt, kommt der Mensch zu seiner ureigenen und wichtigsten Bestimmung: ein Bild Gottes in der Welt zu sein. Läßt er hingegen sein Gemüt unterentwickelt, verroht er und kann nicht gottgemäß leben.

Ähnlich ist es mit der Sprache. Welche Sprache auch immer der Mensch spricht, ob er sie aus Worten oder Klängen oder Gesten formt – sie ist das Medium, in dem er sich mitteilt. Vieles, ja eigentlich alles kommt daher darauf an, nicht sprachlos zu bleiben, sondern in und mit der Sprache sich selbst auszudrücken. Nicht nur die leeren Worthülsen der digitalen Medienwelt zu reproduzieren, sondern zu einem ganz eigenen, ganz individuellen Ausdruck zu kommen. Was dem Menschen seine Würde gibt und ihn unverwechselbar macht: die Fähigkeit, in der Seele zu empfinden und dieses Empfinden auszudrücken.

Das Geheimnis leben.

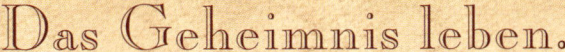

❧ Sag den Menschen, die du lieb hast, immer wieder, daß du sie lieb hast.

❧ Alles, was die Seele aufrüttelt, ist Glück.

❧ Deine Seele ist ein Fenster Gottes in die Welt.

❧ Wer sein Gemüt verloren hat, hat alles verloren.

❧ Sprich, damit ich dich sehe.

❧ Die Gefühle, die du zeigst, spiegeln dein Innerstes.

❧ Das Wichtigste im Leben finden wir, wie man eine Muschel am Strand findet. Im Grunde findet es uns.

Die kostbarsten Güter soll man nicht suchen, sondern erwarten.
Denn der Mensch kann aus eigenen Kräften nicht finden,
und wenn er sich auf die Suche nach ihnen begibt,
findet er statt ihrer falsche Güter,
deren Falschheit er nicht zu erkennen vermag.

SIMONE WEIL

Wenn du hervorbringst, was in dir ist,
wird das, was du hervorbringst, dich retten.
Wenn du nicht hervorbringst, was in dir ist,
wird das, was in dir ist, dich zerstören.

EVANGELIUM NACH THOMAS,
APOKRYPHES BUCH DER BIBEL

Das Glühwürmchen

Ein persischer Dichter erzählte folgende Geschichte: Einmal fragt ein wissensdurstiger Wanderer ein Glühwürmchen:

»Sag, warum glühst du nur in der Nacht?«

Das Glühwürmchen ist um eine Antwort nicht verlegen:

»Tag und Nacht bleibe ich draußen, doch wenn die Sonne am Himmel steht … was bin ich dagegen?«

AUS PERSIEN

Der Regentropfen

Ein Regentropfen, der ins Meer fiel, rief aus: »O Meer! So wenig bin ich angesichts deiner Unendlichkeit!«

Der Regentropfen wurde aber von einer Muschel aufgenommen und verwandelte sich in eine prächtige Perle. Und diese Perle funkelte eines Tages an der Krone eines Königs.

AUS ARABIEN

Hortatio
die Ermunterung

Das Geheimnis:
Du kannst alle Grenzen hinter dir lassen.

☙ Du mußt an das Unmögliche in dir glauben, dich selbst für unsterblich halten, mächtig und fähig, alle Kunst, alle Wissenschaft, alle Geschöpfe zu verstehen. Du mußt zur höchsten Höhe hinauf und zur tiefsten Tiefe hinab. Du mußt dich zu einer unermeßlichen Größe machen und die Grenzen des Körpers hinter dir lassen, dich über alle Zeit erheben und die Ewigkeit werden. Dann wirst du Gott verstehen.

Das Geheimnis verstehen.

Das Gefühl, das uns eigentlich Tragende, Bergende und Bestimmende sei abgetrennt von uns, macht den tiefsten Schmerz des Lebens aus. Gezeichnet von vielen Wunden stehen wir oft vor dem Scherbenhaufen unseres Selbst: Da ist alles zerfallen, da paßt nichts mehr zusammen. Aber noch in den letzten Fasern unseres zersplitterten, gekränkten Lebens spüren wir, daß wir an einem unerkannten seidenen Faden verbunden sind. Es hängt buchstäblich alles Glück an diesem Faden. Und es kommt alles darauf an, jetzt der einenden Kraft zu trauen, die uns in unsere Mitte zurückführen will, an den Punkt, wo die Berührung mit dem Göttlichen möglich wird.

Auch dieser Text der *Smaragdina* kündet von einem geradezu unendlichen, ja unmöglich erscheinenden Zutrauen: Du kannst Gott verstehen. Du kannst dich zu ihm aufschwingen. Aber nur dann, wenn du seine Größe in dir selbst erkennst. Wenn du dich nicht klein machst, sondern groß, wenn du die Grenzen der Zeit und der Körperlichkeit überwindest und die Seele in dir leben läßt. Wenn du selbst Teil der Kraft wirst, die dich mit der Gottheit verbindet. Wenn du das, was deine Unsterblichkeit und Ewigkeit ist, verstehst, über Tod und Sterblichkeit hinaus.

Nicht irgendeiner Unmöglichkeit glauben, sondern der *in dir*. Nicht den vielen banalen Irrealitäten, sondern deiner *Mission Impossible*, auf der du unterwegs bist zum reichsten Leben, das du dir denken kannst.

Das Geheimnis leben.

❧ Man entdeckt kein Neuland, ohne sich darauf einzulassen, die Küste für längere Zeit aus den Augen zu verlieren.

❧ Es braucht gewöhnliche Menschen, um außergewöhnliche Dinge zu tun.

❧ Wir sind unsere eigene Grenze – überschreiten wir sie!

❧ Man muß das tun, was man eigentlich nicht tun kann.

❧ Du bist schon allein dann in der Lage, etwas zu tun, wenn du glaubst, dazu in der Lage zu sein.

❧ Das Leben bietet dir an, das Unerreichbare zu erreichen.

❧ Man kann nicht leben, ohne sich in Gefahren zu begeben.

Die Wachtel und der Vogel Rock

Es lebte einmal ein Riesenvogel namens Rock. Sein Rücken war so hoch wie der Berg Tai, und wenn er seine Flügel ausbreitete, dann waren sie weit wie die Wolken, die den Himmel bedeckten. Sobald er sich in die Lüfte erhob, begann ein ungeheurer Sturm, und wenn er hoch über den Wolken unter dem tiefblauen Himmel dahinschwebte, legte er mit einem einzigen Flügelschlag tausend Meilen zurück.

Einmal flog Rock vom Norden zum Südlichen Meer.

»Was er nur hat?« wunderte sich eine Wachtel und konnte das Lachen nicht verbergen. »Ich hüpfe hier im Gebüsch herum, und das genügt mir völlig. Wo er bloß hin will!«

Wenn der Horizont verschieden ist, sind es auch die Gedanken.

Aus China

Geduld

Japan, im Frühjahr. Langsam kriecht eine Schnecke einen Kirschbaum hinauf. Sie begegnet einer Ameise, die zu ihr sagt:

»Wohin willst du denn? Es ist noch nicht soweit! Es sind noch keine Kirschen auf dem Baum!«

»Wenn ich oben ankomme, werden welche da sein«, antwortet die Schnecke und kriecht weiter.

AUS JAPAN

Wenn wir zulassen, daß uns etwas
in Angst und Schrecken versetzt,
ist das Leben nicht mehr lebenswert.

SENECA

Immortalitas

die Unsterblichkeit

Das Geheimnis:

Du kannst unsterblich sein.

❧ Das ist das Allergrößte: Der Mensch verläßt die Erde nicht und wird doch in die Höhe erhoben, so groß ist die Größe seiner Natur. Darum kann man wohl sagen, daß der irdische Mensch ein sterblicher Gott und der himmlische Gott, die Welt, ein unsterblicher Mensch sei.

❧ Das Sterbliche geht nicht in einen unsterblichen Körper, sondern das Unsterbliche geht zum Sterblichen. Die Kräfte gehen nicht von unten nach oben, sondern von oben nach unten.

❧ Alles, was leidet, das empfindet. Alles, was empfindet, leidet. Alles, was betrübt und erfreut wird, ist unsterblich.

Das Geheimnis verstehen.

Von oben nach unten gehen die Kräfte des Menschen. Gemeint sind die Wirkkräfte Gottes, die der Mensch nicht aus sich selbst heraus entwickeln, sondern nur annehmen kann. Das jedoch ist kein Manko, sondern der Schlüssel zum Verständnis des Lebens: Die Natur, die Unsterblichkeit, die Größe des Menschen ist abhängig von dem, was er an Unendlichkeit, »von oben« in sich einläßt. Ob er das, was er empfindet und leidet, als wesentlich begreift oder als rasch abzustellendes Unbehagen. Ob er Gott in sich selbst erkennt oder ihn nur als eine Fiktion abtut. Ob er sich als Teil eines Universums begreift, das ihn zur »Größe seiner Natur«, ja zum »Allergrößten« führt, oder als mehr oder weniger ohne Sinn und Verstand dahinvegetierende Existenz.

Daß der irdische Mensch ein sterblicher Gott und der himmlische Gott, die Welt, ein unsterblicher Mensch ist, dürfte mehr als nur eine Definitionsfrage sein. Es ist die Frage, auf die alles ankommt: Der Mensch ist ein Teil der Erde, gebunden an ihre Lebensbedingungen. Und er ist doch auch ein Teil des Himmels, herausgehoben aus den Kalamitäten, Sorgen und Problemen. Bestimmt zu einem anderen Leben, dessen Abglanz schon jetzt auf ihn fällt und das ihm zugefallene Leben leuchten läßt.

Und dies alles ist für die *Smaragdina* nicht Wunschdenken und Traum, sondern Erkenntnis: Erkenne das, was in dir an Gutem wirkt, als göttlich. Und du wirst in deinem Leben Gott sehen können.

Das Geheimnis leben.

 Wenn du erkennst, daß der Himmel in dir ist, hast du das Wesentliche deines Lebens erfaßt.

 Dein neues Leben liegt hinter dem Tor. Phantasie ist der Schlüssel, das Tor zu öffnen.

 Stirb nicht vor deiner Zeit.

 Es gibt kein Ende. Es gibt keinen Anfang. Es gibt nur die grenzenlose Leidenschaft des Lebens.

 Wir können dem Leben nicht mehr Tage geben, aber dem Tag mehr Leben.

 Du bist ein Sohn der Erde und eine Tochter des Himmels.

 Danke deinem Gott, daß er dir sein Gesicht gegeben hat.

Man muß durch die Freude die Offenbarung der Wirklichkeit
empfangen haben, um die Wirklichkeit im Leiden zu finden.
Sonst ist das Leben nur ein mehr oder minder schlechter Traum.
Man muß dahin gelangen, im Leiden, das Nichts und Leere ist,
eine noch vollere Wirklichkeit zu finden.
Ebenso muß man eine sehr starke Liebe zum Leben haben,
um den Tod noch stärker zu lieben.

SIMONE WEIL

Zuerst warst du Mineral, dann Pflanze,
dann Tier, dann Mensch. Du wirst ein Engel werden,
und auch das wirst du hinter dir lassen.
Es warten noch tausend weitere Existenzformen auf dich.
Was du dir nicht vorstellen kannst, das wirst du sein.

DSCHALAL-ED-DIN RUMI

Intelligentia

der Verstand

Das Geheimnis:

Sinn und Verstand gehören

zusammen.

❧ Sinn und Verstand fließen zusammen, sie sind beide aneinander gebunden. Es ist unmöglich, ohne Sinn zu verstehen oder ohne Verstand den Sinn zu begreifen. Es ist wie bei den Menschen, die im Traum Gesichte sehen.

Das Geheimnis verstehen.

Der Grundsatz der *Smaragdina* über die Erkenntnis, die dem Menschen möglich ist: Ohne Sinn (der auch aus der Sinnenhaftigkeit kommt) vermagst du nichts zu erkennen, ohne Verstand aber auch nicht. Nicht nur der Verstand erschließt dir das Gesetz des Lebens und des Universums, sondern auch das Gefühl.

Die *Smaragdina* sieht Sinn und Verstand als eine Ganzheit. In der Redewendung, etwas mit oder ohne »Sinn und Verstand zu tun«, schwingt etwas von dieser Überzeugung mit, daß es darauf ankommt, etwas ganz und gar zu tun, nicht nur halb, nicht nur einseitig. Nicht nur das Gefühl sprechen zu lassen, sondern auch die Vernunft. Aber auch nicht nur alles der Vernunft zuzutrauen, sondern auch dem Gefühl. Kopf, Herz und Hand – dieser Dreiklang macht dich zu einem ganzen Menschen. Das muß nicht nur in einer Balance sein, sondern ineinander gehen – wie ein Amalgam, das etwas untrennbar zusammenfügt und ineinander fließen, miteinander verschmelzen läßt.

»Aneinander gebunden« sind Sinn und Verstand – Ausdruck der Polarität des Lebens und des Menschen und der tiefen Überzeugung, daß zwischen den Polen ein Kraftfluß, ein Austausch besteht: zwischen Gott und Mensch, zwischen Leben und Tod, zwischen Natur und Geist. Und zwischen Sinn und Verstand. Dieses *Zwischen* hat nichts mit Unentschiedenheit, alles jedoch mit dem eigentlichen Geheimnis des Lebens zu tun: Du lebst in dem, was sich *zwischen* den Polen ereignet.

Das Geheimnis leben.

- Der Sinn des Lebens ist ein Leben mit Sinn.

- Eine Stunde von vierundzwanzig sollte man darauf verwenden, die restlichen dreiundzwanzig zu verstehen.

- Staunen ist der erste Schritt zu einer Erkenntnis.

- Wir sind alle hier, um zu lernen, wer wir sind.

- Sinnlos heißt kopflos und herzlos.

- Ich kann das Leben nicht begreifen, wenn ich es nicht erfühle.

- Denken heißt, im Unendlichen spazierenzugehen.

Wie alle strömenden Flüsse im Meer zur Ruhe eingehen,
Namen und Gestalt verlierend, so gelangt der Wissende,
von Namen und Gestalt befreit, zum göttlichen Wesen,
das höher als das höchste ist.

Upanishaden

Lumen

das Licht

Das Geheimnis:

Das Leben läßt sich finden.

❧ Wenn du es lernst, daß du aus Licht und Leben
bestehst, so wirst du das Leben wieder finden.

Das Geheimnis verstehen.

Wieder so ein Satz, der dazu verführt, allzu leichtfertig zustimmend zu nicken: Ja, Licht und Leben, was denn sonst? Worin besteht denn hier das Geheimnis? Das ist doch jedem klar!

Weit gefehlt! Wenn wir ihn genau lesen, dann wird hier eine Ungeheuerlichkeit behauptet: Daß wir das Leben nämlich wieder finden müßten (oder könnten), es also verloren haben. Wir haben es nämlich vergessen, daß wir aus Licht und Leben bestehen. Wir leben nicht gemäß unserer Bestimmung. Wir haben uns in unseren Dunkelheiten eingerichtet, mit unseren Finsternissen abgefunden. Wir wandeln nicht in Licht. Wir stellen das Leben unter den Scheffel, wir lassen es nicht strahlen. Der *Smaragdina* ist der Tag nicht hell genug, und das, was vorhanden ist, zu dunkel, zu wenig erhellt. Sie läßt uns jenes Licht sehen, das den Alltag als bloße Nacht, als alles verschlingendes und nicht mehr zu beherrschendes Dunkel erscheinen läßt. Sie ruft in Erinnerung, daß wir uns vom Leben entfernt haben, statt es in seiner ganzen Fülle zu zeigen: in hellem und höchstem Erkennen.

Für dieses Erkennen prägt die Philosophie immer wieder neue Begriffe, die dem Empfinden des Feuers, des Lichts, der Bewegung, der Aufklärung des Bewußtseins entsprechen. Was im hellsten Licht sichtbar wird, ist mit dem bloßen Auge nicht zu erkennen. Es braucht den visionären Blick, es braucht Augen nach innen, um das Feuer wahrzunehmen, das wahre Erleuchtung ermöglicht.

Das Geheimnis leben.

❧ Es ist besser, ein Licht anzuzünden, als auf die Dunkelheit zu schimpfen.

❧ Wir müssen selber hell werden, wenn die Welt ein klein wenig heller werden soll.

❧ Für alles gibt es eine Gebrauchsanweisung. Nur nicht für das Leben.

❧ Das Leben ist zu kurz für Kompromisse.

❧ Wir werden geformt und gestaltet durch das, was wir lieben.

❧ Wenn du dein Leben nicht änderst, wird das Leben dich ändern.

❧ Du lebst nur einmal. Nur einmal.

Malum

das Böse

Das Geheimnis:

Wir sind Verursacher des Bösen.

&❧ Nicht Gott verursacht das Böse, sondern wir sind es –
wir, die wir das Böse über das Gute erheben.

&❧ Wir haben immer die Wahl. Die Wahl des Besten steht in
unserer Macht, doch die Wahl des Schlechtesten ist gegen den
Willen, denn jede Entscheidung für das Böse beherrscht das
Schicksal des Wählenden.

&❧ Und dies sind die Untugenden: die Unwissenheit, die
Traurigkeit, die Unmäßigkeit, die Begierlichkeit, die
Ungerechtigkeit, der Geiz, der Betrug und die Verführung,
der Neid, die List, der Zorn und die Bosheit.

Das Geheimnis verstehen.

Beunruhigende Erkenntnisse, mit denen uns die *Smaragdina* hier konfrontiert: Kein Ausweichen ist möglich vor der Einsicht, daß sich die Existenz des Bösen nicht Gott oder irgendeiner anderen Instanz zuschieben läßt. Sondern daß wir es sind, die das Böse wollen und tun. Bewußt oder unbewußt, wir *verursachen* es, das heißt: Wir sind die Ursache. Das Böse ist Ergebnis unserer Wahl, unserer Entscheidung. Wir können uns nicht herausreden, nicht herauswinden aus dieser ultimativen Verantwortung und Freiheit, die uns gegeben ist, und mit der wir umgehen können, wie wir es *wollen*. Der Wille aber ist jedem einzelnen Menschen zum Guten gegeben – verfehlt er das Gute und wählt er das Böse, dann verfehlt er auch sein Schicksal. Er unterwirft sich dem Bösen und seiner fatalen Herrschaft, läßt es über sich herrschen: Er läßt das Gute verrecken.

Alle die »Untugenden«, welche die *Smaragdina* aufzählt, sind also nicht Dinge, die uns aufgezwungen werden oder gegen die wir uns nicht zu wehren wüßten. Wir erheben uns über das Gute, also tun wir das Schlechte. Und nicht nur, daß wir das Böse tun und anderen Menschen, anderen Geschöpfen oder der Natur schaden – es straft uns selbst, wendet sich gegen uns. Denn es verunmöglicht, das Gute zu erkennen, Gott zu erkennen. Was praktisch bedeutet: Wir hindern uns selbst daran, gottgemäß zu leben. Nicht wir sind dem Schicksal ausgeliefert, sondern wir liefern das Schicksal aus. *Wir haben immer die Wahl.*

Das Geheimnis leben.

• Es ist wichtig zu wissen, was du nicht willst.

• Wer oder was gewinnt den Kampf um dein Herz?

• Irgendwo muß man einen Schlußstrich ziehen.

• Der Spiegel, in den du schaust, zeigt dir die ganze Wahrheit.

• Das Böse trägt nicht den Namen Teufel. Aber es hat eine Adresse und eine Telefonnummer.

• Es hat keinen Sinn, schlechte Dinge gut zu machen.

• Es kann überall einen Platz geben, auf dem ein Engel landen kann. Aber du mußt ihn freiräumen.

Der Affe und das Messer

Aufgeregt rennt ein Mann zu einem Derwisch, reißt die Tür auf und schreit: »Schnell! Schnell! Wir müssen etwas tun! Ein Affe hat sich gerade ein Messer genommen …«

»Keine Angst«, sagt der Derwisch, »solange es kein Mensch ist …«

AUS PERSIEN

Die beiden Wölfe

Ein alter Indianer saß mit seinem Enkelsohn am Lagerfeuer. Es war schon dunkel geworden und das Feuer knackte, während die Flammen in den Himmel züngelten.

Der Alte sagte nach einer Weile des Schweigens: »Weißt du, wie ich mich manchmal fühle? Es ist, als ob da zwei Wölfe in meinem Herzen miteinander kämpfen würden. Einer der beiden ist rachsüchtig, aggressiv und grausam. Der andere hingegen ist liebevoll, sanft und mitfühlend.«

»Welcher der beiden wird den Kampf um dein Herz gewinnen?« fragte der Junge.

Der Alte dachte nach. Dann antwortete er:

»Der Wolf, den ich füttere.«

Mors
der Tod

Das Geheimnis:
Der Tod hat keine Bedeutung.

&⊶ Veränderung bedeutet nicht Tod, sondern Verbergung. Und weil es sich so verhält, sind alle Dinge unsterblich: die Materie, das Leben, der Geist, die Seele, das Gemüt, aus welchen jedes Geschöpf besteht. Darum sind alle Tiere unsterblich, wegen des Gemüts am allermeisten aber der Mensch, welcher Gott empfängt und mit ihm eines Wesens ist.

&⊶ Der Tod ist nur ein Wort, damit man ihn sich vorstellen kann, oder ein Name ohne Wesen. Denn der Tod scheint ein Untergang zu sein, aber von den Dingen in der Welt geht nichts unter.

Das Geheimnis verstehen.

Der Tod soll nur ein Wort sein, nur ein Name? Ist er denn nicht das völlige Ende, das ultimative Verlöschen des Lebens? Wie kommt die *Smaragdina* zu einer solch grundstürzenden Vorstellung, die alles das über den Haufen wirft, was wir uns so vorstellen?

Wir fürchten den Tod, der das Nichts ist. Wir erleben ihn als die denkbar größte Bedrohung. Wir ängstigen uns vor der Leere des Nichts, vor dem Abgrund der Ungewißheit. Und das unabhängig davon, ob wir an ein Weiterleben nach dem Tod, an die Auferstehung oder an die Wiedergeburt glauben. Und doch ist diese Angst – ja, überflüssig. Ohne wirkliche Bedeutung. Grundlos.

Wie ein »Schweigen der unendlichen Räume« umfängt uns das Nichts und läßt uns frieren. Der Tod scheint ein Untergang zu sein und ist doch alles andere als das. Nichts geht unter, nichts verloren. Über die kleine Bewegung, die das verwelkte Blatt vom Ästchen trennt, hinaus, über jeden letzten Atemzug hinaus, der nur der Beginn eines neuen Atems ist, verliert der Tod seinen Schrecken. Er braucht nicht mehr abgewehrt und verdrängt zu werden, er ist nur ein Tor.

Gerade wenn ich akzeptiere, daß mein Leben endlich ist, kann ich über alle – scheinbare – Endlichkeit hinaus alles werden, alles sein. Nur wenn ich akzeptiere, daß der Schatten des Nichts zu mir gehört, aber eben nicht mehr als ein Schatten ist, kann ich aus ihm heraus in das lebendige Licht treten. *Von den Dingen in der Welt geht nichts unter.*

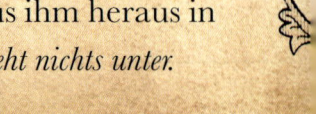

Das Geheimnis leben.

 Das Ende ist der Anfang. Das Nichts ist das Alles.

 An den Scheidewegen des Lebens stehen keine Hinweisschilder.

 Gott verspricht eine sichere Landung, aber keine ruhige Reise.

 Der Tod ist nicht die größte Niederlage im Leben. Die größte Niederlage ist, was in uns stirbt, während wir leben.

 Angst klopfte an. Vertrauen öffnete. Keiner war draußen.

 Wer stirbt, ist nicht tot, sondern nur untergegangen wie die Sonne.

 Loslassen, immer wieder loslassen. Das ist der Schlüssel zum Glück.

Ein Mensch, der nicht bereit ist,
für etwas zu sterben, ist nicht reif für das Leben.
MARTIN LUTHER KING

Nasci

das Werden

Das Geheimnis:

Gott ist in allem Werden.

&❧ Es ist nichts unter den Dingen, die da werden oder geworden sind, in denen nicht Gott ist.

&❧ Dies ist die stärkste Kraft aller Kräfte. Denn es wird alles Feine überwinden und alles Feste durchdringen.

Das Geheimnis verstehen.

Gott ist in den Dingen. Nicht irgendwo, nicht unerkennbar, nicht weit weg von der Welt. Er ist vielleicht in den Dingen verborgen, aber er ist da. Und zwar in allen, »die da werden oder geworden sind«. In der gesamten Schöpfung ist Gott anwesend, spürbar, nachweisbar in seiner Wirkung. Doch er *ist* nicht, wie etwas Unveränderliches, Erratisches, sondern er *wird*: Er ist das unendliche Werden, eine Kraft, die aus sich heraus erschaffen und verlebendigen und von keiner anderen Kraft überboten oder beherrscht werden kann.

Dies ist keine Allmachtsphantasie viriler Potenz und männlicher Gewalt, die einen allmächtigen Gott braucht – und erschafft –, um die eigene Macht zu begründen und durchzusetzen. Das *Werden* ist vielmehr etwas *Weibliches*: Hier wird etwas ausgetragen, geboren, in die Welt gesetzt. Dies ist nicht der Baumeister, der alles nach Plan entwirft, sondern der Schoß der Schöpfung, die Tag für Tag und Stunde um Stunde neues Leben entstehen läßt.

Der zweite Satz der *Smaragdina* entspricht der Erfahrung, daß das weichste Wasser den härtesten Stein zu brechen vermag. Dies ist eine Absage an alle Kraft, die auf reiner Gewalt beruht. Der »stärksten Kraft aller Kräfte« kann nichts entgegensetzt werden, sie überwindet und durchdringt alles, das Feste und das Weiche, das Grobe und das Feine. Es ist dies eine sanfte, aber um so unbezwingbarere Macht, mit der Gott alles Werden bestimmt.

Das Geheimnis leben.

- Es ist nie zu spät, das zu werden, was du hättest sein können.

- Das Fragment ist der Anfang einer neuen kreativen Idee.

- Tue es oder tue es nicht. Versuche gibt es nicht.

- Am Ende des Pfades ist Freiheit – bis dahin Geduld.

- Über einen Stein, der dir im Weg liegt, kannst du springen. Einen Felsen kannst du umgehen.

- Es wird schon werden.

- Angst ist ein Hemmschuh. Mut jedoch ist ein dritter Arm.

Um zu erlangen, alles zu genießen, suche – in nichts Genuß.
Um zu erlangen, alles zu besitzen, suche – in nichts etwas zu besitzen.
Um zu erlangen, alles zu sein, suche – in nichts etwas zu sein.
Um zu erlangen, alles zu wissen, suche – in nichts etwas zu wissen.
Um zu erlangen, was du nicht weißt, geh dorthin, wo du nichts weißt.
Um zu erlangen, was du nicht besitzest, geh dorthin, wo du nichts besitzest.
Um zu werden, was du nicht bist, geh dorthin, wo du nichts bist.

JOHANNES VOM KREUZ

Und so lang du das nicht hast,
Dieses: Stirb und Werde!
Bist du nur ein trüber Gast
Auf der dunklen Erde.

JOHANN WOLFGANG VON GOETHE

Gott schauen

Ein Schüler fragte: »Meister, wie kann ich Gott erlangen?« Da führte ihn der Meister zum Meer und tauchte ihn unter Wasser.

Nach kurzer Zeit ließ er ihn wieder los und fragte: »Wie hast du dich gefühlt?«

Der Schüler antwortete: »Ich glaubte, mein letzter Augenblick sei gekommen. So verzweifelt war ich.«

Da sprach der Meister: »Du wirst Gott schauen, wenn dein Verlangen nach ihm so inbrünstig ist wie deine Sehnsucht nach Luft in diesem Augenblick.«

RAMAKRISHNA

Origo
der Ursprung

Das Geheimnis:

Alle Dinge sind in Gott.

❧ Es ist nicht so, als befände sich irgend etwas an einem anderen Ort: Alle Dinge sind in Gott.

❧ Die Sonne ist sein Vater, der Mond seine Mutter. Der Wind hat es in seinem Schoß getragen; seine Ernährerin ist die Erde.

Das Geheimnis verstehen.

Die Entsprechung zum vorherigen Geheimnis. Wenn alle Dinge in Gott sind, wie die hermetische Philosophie sagt, dann erscheint das auf den ersten Blick wie eine einzige Ungeheuerlichkeit. Kaum zu glauben, aber hier wird nichts anderes behauptet, als daß wir die Welten nicht so schön säuberlich trennen können, wie wir es gewohnt sind: hier der Himmel, dort die Erde; hier das Göttliche, dort das Menschliche; hier die Materie, dort der Geist.

Alles ist in Gott, kommt aus einem Ursprung – die Trennungen sind aufgehoben, auch wenn die Identitäten unterscheidbar bleiben. Gott ist jedoch nicht die jenseitige Größe im fernen Himmel, unerreichbar, unberührbar. Gott ist das, was das Leben umhüllt und birgt, die Welt mit ihren Dingen ebenso wie die Menschen mit ihrer unsterblichen Seele. Damit wird das Leben zur wahren Unendlichkeit, die Seele zur Wohnung Gottes, die Welt zu seinem Wirkraum: die Elemente, die Gestirne, die Natur.

Wenn jedoch alle Dinge in Gott sind, dann ist dies nichts anderes als ein großes Versprechen der Heimat und der Geborgenheit. Der größte Baum und der kleinste Grashalm, das Meer und der Tautropfen, alles wird bewegt vom Atem Gottes. Die Beziehung des Menschen zur Schöpfung, zur »Welt der Dinge« bekommt hier ihre letztgültige Erklärung und Sicherheit: Dir kann nichts geschehen, nicht einmal im größten Unglück, nicht einmal im Tod. Du bist gerettet für alle Zeit.

Das Geheimnis leben.

❧ Du kannst nicht verlorengehen.

❧ Frei von Gestern und Morgen sich dem Wind anvertrauen.

❧ Gott wohnt, wo man ihn einläßt.

❧ Alles ist aufgehoben, das kleinste Stäubchen tanzt im Sonnenstrahl Gottes.

❧ Man braucht nichts anderes zu tun als zu sein.

❧ Alles, was atmet, atmet Gott.

❧ Erkenne im Wind deinen Bruder, in der Sonne deine Schwester, in der Liebe deinen Gott.

Ihr sollt wissen, daß all unsere Vollkommenheit
und all unsere Seligkeit darin liegen,
daß der Mensch durch und über alles Geschaffene
und Zeitliche und alles Wesen hinausgehe
und in den Grund steige, der ohne Grund ist.

MEISTER ECKHART

Oft, wenn ich aus dem Schlummer des Körpers erwache

zu mir selbst und aus der Außenwelt heraustrete,

um bei mir selbst Einkehr zu halten,

schaue ich in eine wunderbare Schönheit.

Ich glaube dann felsenfest an meine Zugehörigkeit

zu einer besseren Welt, wirke kräftig in mir das herrlichste Leben

und bin mit der Gottheit eins geworden.

In sie hineinversetzt, bin ich zu jener Lebensenergie gelangt

und habe mich über alles Geistige emporgeschwungen.

Steige ich dann nach dieser Ruhe im Schoße der Gottheit

herab zur Verstandestätigkeit aus der Vernunft,

so frage ich mich wohl: Wie ist ein Rücksinken

aus jenem Zustand überhaupt möglich?

PLOTIN

Principium
der Anfang

Das Geheimnis:

Der Anfang bewegt alles.

❧ Alle Dinge haben ihren Ursprung in einem
einzigen Anfang. Der Anfang hängt von dem einen
und einzigen Wesen ab und wird von ihm bewegt, so
daß er selbst wiederum ein Anfang werden kann.

Das Geheimnis verstehen.

Hier ist nicht vom zeitlichen Anfang die Rede, vom *initium*. Sondern von dem gültigen Anfang, der nicht vergeht, der durch die Zeit zieht, vom *principium*. Wir sagen, etwas sei prinzipiell, und meinen damit, es sei immer und stets gültig. So ist es mit diesem Verständnis des Anfangs: Er ist nicht vergangen, wir haben ihn nicht hinter uns gelassen wie ein abgelegtes Kleidungsstück. Sondern er begleitet uns, nach wie vor, bestimmt uns auf unserem Weg durch die Zeit. Er ist ein Beginn, der nie vergeht und deshalb auch kein Ende hat.

Und noch etwas enthüllt uns die *Smaragdina*: Dieser Anfang begleitet uns nicht nur, er ist nicht nur das »mitlaufende Prinzip« – er kann selbst unendliche Anfänge in Gang setzen. Weil er von dem »einen und einzigen Wesen« abhängt und bewegt wird. Gott selbst hat diesen Anfang in Bewegung gesetzt, um der vielen Anfänge willen, welche die Geschichte bestimmen. Auch die Lebensgeschichte eines jeden einzelnen, der verloren wäre, könnte er nicht immer wieder *prinzipiell* neu anfangen.

Mit jedem Menschen beginnt deshalb die Weltgeschichte von neuem. Jeder Mensch ist ein von Gott gedachter und gewollter, in Bewegung gesetzter Anfang. Mit jedem Menschen kann etwas Neues beginnen, etwas Unerhörtes, Überraschendes. Aus dem einen Ursprung geboren, geht er seinen Weg durch die Zeit. Er trägt den Uranfang in seinem Herzen, nicht nur einen Ursprung, einmal geschehen und dann Geschichte, sondern das *Prinzip des Lebens*.

Das Geheimnis leben.

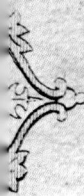 Der Anfang ist die Hälfte des Ganzen.

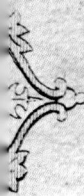 Alles beginnt heute.

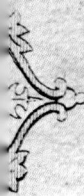 Aus kleinen Anfängen entspringen alle Dinge.

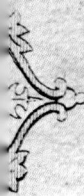 Der Augenblick ist zeitlos.

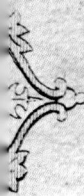 Hör nie auf anzufangen. Fang nie an aufzuhören.

 Auch die längste Reise beginnt mit einem kleinen Schritt.

 Das Leben ist nicht die Bühnenprobe. Es ist die Vorstellung.

Qui sub oculos non cadit

die Unsichtbarkeit

Das Geheimnis:

Du kannst das, was in dir ist, erkennen, auch wenn es nicht sichtbar ist.

☙ Es fällt sehr schwer, das Gewohnte und Vertraute
zu verlassen und zum Grund zurückzukehren.
Man achtet nur auf das, was sichtbar ist, doch was
unsichtbar bleibt, dem wird kein Glauben geschenkt.
Doch wenn du das, was in dir ist, nicht erkennst —
wie soll es dir durch die Augen offenbar werden?

Das Geheimnis verstehen.

Ein großes Plädoyer für die innere Erkenntnis! Nicht für das, was uns unmittelbar in den Blick fällt oder zu Ohren kommt. Sondern was kein Auge je gesehen und kein Ohr je gehört hat. Und was doch erkannt werden kann, wenn auch nicht mit den Sinnen.

Wir sind Augen-Menschen. Wir glauben das, was wir sehen. Die Macht der Bilder scheint unbegrenzt. Und doch warnt schon die *Smaragdina* vor diesem Fehlschluß, die Augen könnten uns etwas enthüllen, was Geltung hat, die sichtbare, die mit den Sinnen erfahrbare Welt sei alles, worauf es letztlich ankommt.

Doch hier geht es um den »inneren Sinn«, um das »dritte Auge«, wenn man so will. Erst wenn die Hektik abgelegt wird, die Ruhe uns ergreift, kann sich ein Geheimnis ereignen. Erst wenn die Sinne sich nicht mehr unablässig nach außen, sondern nach innen zu richten beginnen, kann die andere Wirklichkeit ein Gesicht bekommen. Dann erst können wir überrascht werden und zurückkehren zum »Grund«, zum Wesentlichen.

Diese Innerlichkeit ist notwendig, damit Gott sprechen kann. Seine Sprache bedient sich der Stille, der Unhörbarkeit und Unsichtbarkeit wie ein Resonanzboden. Denn wir können vielleicht vieles sehen und hören, bezeichnen und benennen, aber erfassen können wir es nur mit der Sprache, die Gott selbst in uns sprechen will, mit dem Auge, das Gott in unserer Seele öffnet.

Das Geheimnis leben.

 Keine Bemühung, keine Vorsätze. Der Nebel lichtet sich von selbst.

 Das, was vor uns liegt, und das, was hinter uns liegt, ist nichts verglichen mit dem, was in uns liegt.

 Wer nichts riskiert, setzt alles aufs Spiel.

 Wann, wenn nicht jetzt? Irgendwann später wird nie kommen.

 Probleme sind verkleidete Möglichkeiten.

 Alles ist schwierig, bevor es leicht wird.

 Mut steht am Anfang, Glück am Ende.

Zwei Taschen muß der Mensch an seiner Jacke haben.
In der einen findet er die Worte:
»Die Welt wurde um meinetwillen erschaffen.«
In der anderen: »Ich bin nur aus Staub und Asche.«

Rabbi Bunam

Respondatio

die Entsprechung

Das Geheimnis:

Alles entspricht einander.

❧ Wie oben, so unten.
Wie unten, so oben.

Das Geheimnis verstehen.

Der bekannteste, aber auch der kryptischste Satz der *Smaragdina*. Der Gedanke der Entsprechung, die Lehre vom Mikrokosmos im Makrokosmos gehört jedoch zu den ältesten Erkenntnissen der Menschheit. So wie die Erde Teil eines umfassenden Kosmos ist, so ist der Mensch Teil der Erde. Im Kleinen spiegelt sich in ihm, was auch das Große bewegt.

Das, was zunächst außerhalb unserer selbst zu liegen scheint, kann uns zur innersten Wirklichkeit werden. Doch dann müssen wir aufhören, uns selbst von den Zusammenhängen abzukoppeln und zu isolieren. Wir erleben sonst nichts als unendliche Einsamkeit und Verlorenheit. Und auch das lehrt uns der Gedanke vom Mikrokosmos im Makrokosmos: Was in der Natur wirkt, kann wiederum in der Seele so erfahren werden, daß man die Verbundenheit mit dem vom göttlichen Geist durchwehten Grund allen Seins erlebt. Wer in sich selbst die Sehnsucht nach Verbundenheit mit dem Kosmos, mit dem Grund des Lebens spürt, erkennt sich selbst als etwas Kleines im Großen und Umfassenden. Als lebendiges, waches, zagendes und sich verzehrendes Partikel im großen Strom des Alls. Er fühlt sich vertraut, beheimatet, getröstet und getragen von etwas, das auch die ganze Natur um ihn herum erfüllt. Die christliche Tradition nennt das den Geist, der alles durchweht und belebt, und ohne den die Welt an sich selber stirbt. Gott ist das Universum, das in uns atmet.

Das Geheimnis leben.

❧ Alles hängt mit allem zusammen.

❧ Wende deinen Blick zur Sonne, dann fallen die Schatten hinter dich.

❧ Glück ist zu begreifen, wie das Leben zusammenhängt.

❧ Der Tropfen mag bisweilen schon wissen, daß er im Meer ist, aber selten wohl weiß er, daß das Meer auch in ihm ist.

❧ Wie der Körper des Menschen, so ist der Körper der Erde. Wie der Geist des Menschen, so ist der Geist der Erde. Wie das Atom, so ist das Universum.

❧ Im Alltäglichen das Wunderbare sehen.

❧ Wenn du wissen willst, wie Gott wohnt, öffne seine Tür.

Actio gleich reactio –
Jeder Kraft entspricht eine Gegenkraft.
Isaac Newton

Splendor

die Herrlichkeit,
der Glanz

Das Geheimnis:

Das Leben ist herrlich.

Und göttlich.

❧ Die Seele kann im Körper des Menschen vergöttlicht werden, wenn sie nämlich die Herrlichkeit des Guten ansieht.

❧ Aber als erstes mußt du das Kleid, das du trägst, zerreißen, nämlich das Kleid der Unerkenntnis, den Grund der Bosheit, den dunklen Umhang des Todes.

Das Geheimnis verstehen.

Ein großartiger Satz. Und welch ein Versprechen! Die Seele, die nicht nur zu Gott streben und Gott nahe sein will, sondern selbst göttlich werden kann. Aber davor steht eine Voraussetzung: die Herrlichkeit des Guten, des Geschaffenen zu sehen. Das Leben selbst als herrlich zu begreifen und es zu lieben.

Das ist alles andere als selbstverständlich und keineswegs so einfach, wie es klingt. Wer liebt schon sein Leben, das Leben überhaupt? Wer liebt es so sehr, daß er darin die Göttlichkeit selber erkennt? Wir stecken in Kleidern, die uns von dieser Liebe zum Leben abschirmen, im »dunklen Umhang des Todes«, gewebt aus den Stoffen der Bosheit, der Mißgunst, der »Unerkenntnis«, das heißt der Unfähigkeit, die Wahrheit zu erkennen.

Und dieses Kleid müssen wir zuerst einmal zerreißen, um in aller Unschuld das Leben feiern zu können. Wir müssen bereit sein zum Mitempfinden, zum Mitleiden, zum Mitfreuen. Erst daraus erwächst Erkenntnis dessen, was uns im tiefsten bewegt.

Jeder Mensch hat in seiner Seele, in seinem inneren Alphabet diese Möglichkeit alltäglich-mystischer Erfahrung: die letzte Wirklichkeit als Feuer, als Liebe. Die Liebe hilft uns erkennen, daß unsere Seele erfüllt sein kann. Und dann wird es möglich, die Abgründe zu überbrücken, die Wunden zu heilen, die Hindernisse zu überwinden, die uns vom Leben trennen.

Das Geheimnis leben.

🐚 Die kleinen Wunder sind die großen Wunder.

🐚 In schlechten Zeiten kommt es darauf an, schöne
Dinge zu tun.

🐚 Dies ist das Los mit der freien Auswahl für dein
Leben.

🐚 Der Glanz ist die Oberfläche, das Licht kommt aus
der Tiefe.

🐚 Das Leben ist voll von Hindernissen. Das größte
bin ich selber.

🐚 Jeder Moment ist kostbar, voll von geheimen Schätzen.

🐚 Das Glück besteht darin, wie alle Welt zu leben und
doch wie kein anderer zu sein.

Vergessen Sie nie:
Das Leben ist eine Herrlichkeit.
RAINER MARIA RILKE

Tempus

die Zeit

Das Geheimnis:

Die Zeit vergeht.

Und alles ändert sich.

❧ Die Zeit ist im Himmel unveränderlich und unvergänglich, auf Erden jedoch veränderlich und vergänglich.

Das Geheimnis verstehen.

Es ist eine Grunderkenntnis des Lebens, daß nichts von Dauer, daß alles in Bewegung ist. Daß die Zeit vergeht und mit ihr sich alles ändert, von Jahr zu Jahr und von Tag zu Tag. »Alles fließt«, wußte schon der griechische Philosoph Heraklit (540 – 480 v. Chr.).

Doch so einfach und nachvollziehbar diese Aussage sein mag – daß »auf Erden alles veränderlich und vergänglich ist« –, so schwierig ist sie für den Menschen zu akzeptieren. Daß sich etwas ohne sein Zutun, ohne seine Kraft bewegt, daß er etwas geschehen lassen muß, ist ihm unheimlich. Er kann nicht, er will nicht warten. Er will die Regie haben, die Macht, Dinge in Bewegung zu setzen, Entwicklungen anzustoßen. Es kommt ihm darauf an, was er macht, erwirbt, unternimmt, behandelt, beherrscht. Das gibt ihm die Sicherheit des Habens und Geltens.

Doch die Zeit, die einfach vergeht und damit Veränderungen ohne sein Zutun auslöst, ist ihm unheimlich. Die *Smaragdina* setzt die Lebenszeit auf Erden in eine Spannung zur »unveränderlichen und unvergänglichen Zeit im Himmel«: Die Zeit anzuerkennen bedeutet, das eigene Ich loszulassen, die verkrampften Hände, die wir um unser Hab und Gut und auch um unser Inneres gelegt haben, zu öffnen. Aus dieser Gelassenheit kann dann Gelöstheit wachsen, eine innere Freiheit, die sich nicht mehr ausliefert an die Welt des Nutzens und der Zwecke. Sich in den Strom der Zeit hineinzubegeben, dazu gehört auch die Fähigkeit zur Hingabe des eigenen, uns zugefallenen Ichs.

Das Geheimnis leben.

 Zeit ist nur ein Ufer, an dem ich Muscheln suche.

 Ich habe keine Zeit, mich zu beeilen.

🙿 Das Leben läßt sich nicht drängen.

🙿 Einen Tag ungestört in Muße zu verleben, heißt einen Tag ein Unsterblicher zu sein.

🙿 Wenn ich langsam gehe, komme ich rascher voran.

🙿 Das einzige Beständige ist der Wandel.

🙿 Morgen werde ich mich ändern, gestern wollte ich es heute schon.

🙿 Irgendwann später wird nie kommen.

Ich kann in drei Worten alles zusammenfassen,
was ich über das Leben gelernt habe:
Es geht weiter.

Robert Frost

Veritas

die Wahrhaftigkeit

Das Geheimnis:

Erkenne das Wesentliche,

dann bist du wahrhaftig.

🙠 Nur diejenigen sehen die Wahrheit, die nichts Falsches sehen. Wenn wir etwas so sehen, wie es ist, sehen oder verstehen wir das Wahrhaftige. Es gilt daher, das Wesentliche zu erkennen.

Das Geheimnis verstehen.

Zum Schluß noch einmal ein Satz zur Erkenntnis, dem Grundproblem der hermetischen Philosophie. Nichts Falsches zu sehen, das Gute vom Bösen unterscheiden zu können, das Wesen der Dinge und das Wesentliche überhaupt zu erkennen, wird hier mit der Frage nach der Wahrhaftigkeit verknüpft. Es geht nicht darum, Richtig und Falsch auseinanderzuhalten – eine vergleichsweise noch einfache moralische Übung. Sondern sich vor Augen zu halten, daß es nicht möglich ist, Wahrhaftigkeit zu verstehen, Authentizität zu leben, ohne »etwas so zu sehen, wie es ist.«

Damit wird aller blauäugiger Gutgläubigkeit und moralischer Naivität ein Riegel vorgeschoben. Wenn »es gilt, das Wesen zu erkennen«, dann ist das nicht nur eine permanente Übung in Unterscheidung, sondern mehr noch: eine Aufforderung zum »richtigen«, zum authentischen Leben. Ohne daß ich das Wesen der Dinge, das Wesentliche erfasse, kann mein Leben nicht wahrhaftig sein. Ich kann mich nicht in Täuschungen einrichten und mit Mißverständnissen abfinden. Ich kann nicht im Einklang mit den mühelosen Vorgängen in der Natur leben, wenn ich dies nicht mit dem Anspruch der Wahrhaftigkeit tue. Darum liegt dem wahren Handeln die Erkenntnis zugrunde: Sieh die Dinge, wie sie wirklich sind, trenne das Richtige vom Falschen, folge dem Guten. Sei wahrhaftig. Sei authentisch. Lebe dein Leben im Einklang mit dem, was wirklich zählt: unendliche Güte.

Das Geheimnis leben.

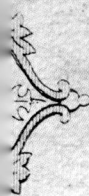 Wer etwas vertieft, bleibt nicht an der Oberfläche.

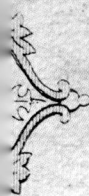 Schau dir das Wesen der Dinge an, nicht ihre äußere Erscheinung.

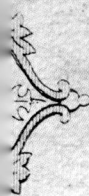 Wahre Wünsche: Ich muß nicht – ich darf.

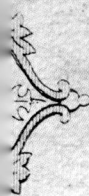 Mach nichts nach. Sei du selbst.

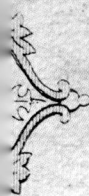 Schere dich keinen Deut um das, was ohne Bedeutung ist.

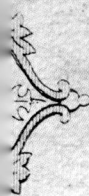 Die Dinge haben den Wert, den wir ihnen geben.

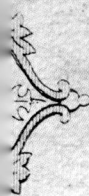 Du kannst richtig leben oder falsch leben. Du kannst dich *immer* entscheiden.

Die Seligkeit des Selbst ist allezeit bei dir, und du wirst sie finden,
sobald du ernsthaft suchst. Die Ursache deiner Trübsal
liegt nicht im äußeren Leben; sie ist in dir und heißt Ego.
Du errichtest Grenzen und mühst dich dann vergeblich,
sie zu überschreiten. Alles Unglück kommt vom Ego her
und mit ihm dein ganzer Kummer.
Welches Glück können Dinge bringen, die außer dir liegen?
Erkenne, daß du in Wahrheit das unendliche, reine Sein,
das absolute Selbst bist. Es zu sein ist das einzige Mittel,
um jene Seligkeit zu verwirklichen, die immerwährend dein ist.

RAMANA MAHARSHI

Das Auge, in dem ich Gott sehe, das ist dasselbe,
darin mich Gott sieht. Mein Auge und Gottes Auge,
das ist ein Auge und ein Sehen und ein Erkennen und ein Lieben.

MEISTER ECKHART

Die Magnetnadel weist immer nach Norden.
So kann das Segelboot seinen Kurs nicht verlieren.
Solange das Herz des Menschen auf Gott gerichtet ist,
kann er nicht im Meer der Weltlichkeit verlorengehen.

RAMAKRISHNA

Die Wahrheit im Laden

Eines Tages sah ein Mann ein Geschäft, an dem ein Schild mit der Aufschrift »Wahrheitsladen« angebracht war. Hocherfreut darüber, die Wahrheit kaufen können zu können, betrat der Mann den Laden. Der Verkäufer bot verschiedene Arten Wahrheit an, Teilwahrheiten und die ganze Wahrheit. Natürlich wollte der Kunde die ganze Wahrheit, klar, schlicht und ungeschminkt.

Der Verkäufer sah ihn voller Mitleid an und zeigte auf das Preisschild: »Der Preis ist sehr hoch, mein Herr.«

»Wieviel?« fragte der Kunde, entschlossen, die ganze Wahrheit zu erwerben, gleich, was sie kostete.

»Wenn Sie diese hier nehmen«, sagte der Verkäufer, »bezahlen Sie mit dem Verlust Ihrer Ruhe und Gelassenheit. Und zwar für den Rest Ihres Lebens.«

Traurig verließ der Mann den Laden. Er hatte gedacht, die ganze Wahrheit billig bekommen zu können.

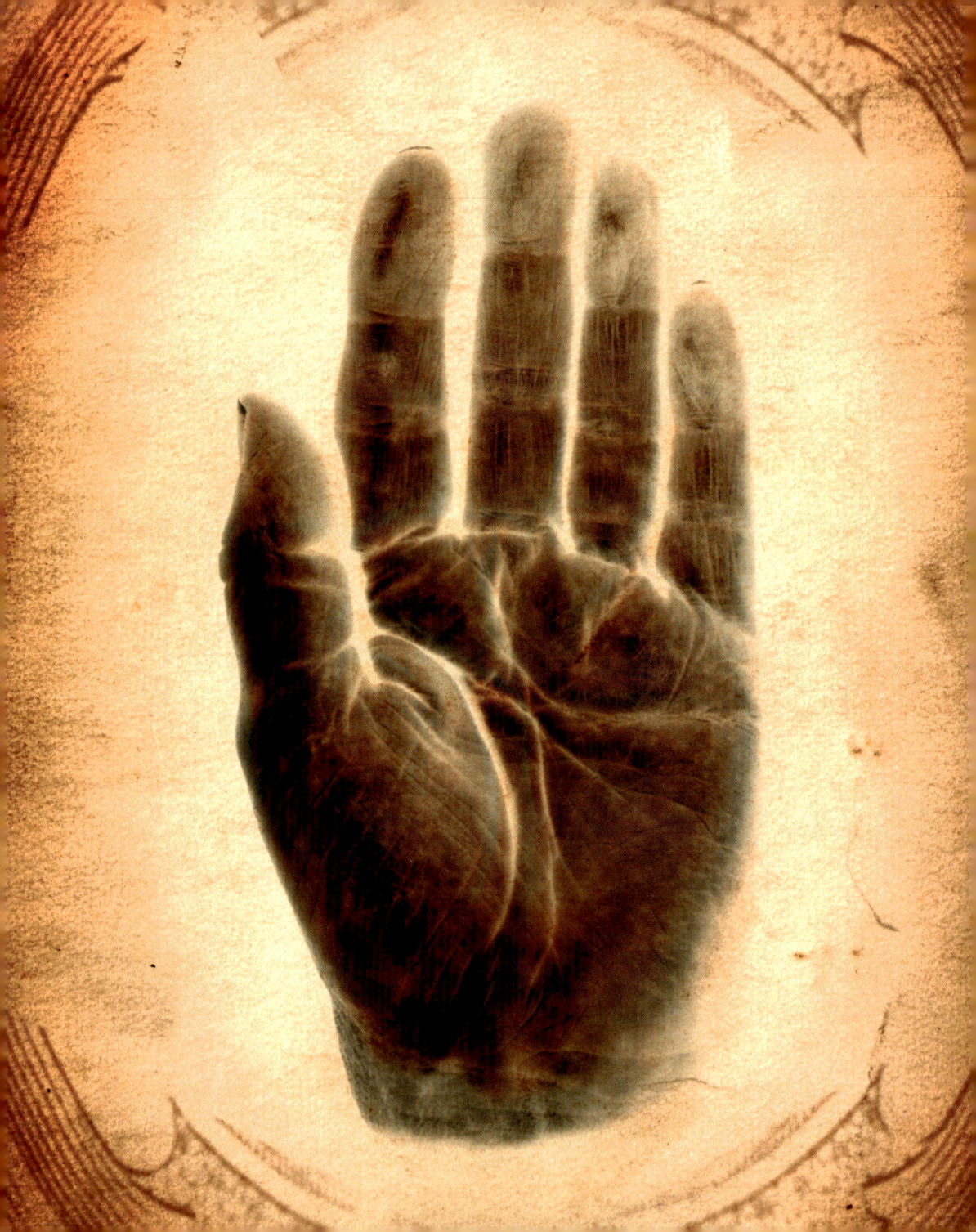

Auf der Suche nach dem Buch der Geheimnisse

Man verliert das Wissen,
wenn man die Reinheit
des Herzens verliert.
NICHOLAS VALOIS

Die Legende des Magiers

Hermes Trismegistos, dem die *Tabula Smaragdina* zugeschrieben wird, gilt als der Meister der alchimistischen Philosophie. Auch der griechische Gott, der die Seelen in die Unterwelt, in das dunkle Reich des Hades geleitet, trägt den Namen Hermes: »Er öffnet die Tore der Geburt und des Todes.« Er lenkt den Tausch, den Handel und die Wissenschaft; er ist der Götterbote, der Mittler, der Versöhner.

»Trismegistos« bedeutet »der dreimal Größte« – ein Name, der zeigt, wie sehr er schon zur Zeit der griechischen Herrschaft in Ägypten verehrt wurde. Die Graeco-Ägypter bewunderten die alten religiösen Lehren des Nillandes, die sich dem Anschein nach seit den Zeiten der Pharaonen nicht geändert hatten. In Wirklichkeit jedoch wurden ihre Symbole, als die Griechen sie zu erforschen begannen, nicht einmal mehr von den ägyptischen Priestern verstanden.

In der Verschmelzung von griechischer Philosophie und ägyptischer Religion, dem Ergebnis eines ununterbrochenen geistigen Austausches zwischen diesen beiden Völkern, setzten sich die hellenistischen Ideen durch, so daß wir mit Recht von einem hellenisierten Ägypten sprechen können. Die Griechen nahmen bereitwillig alles auf, was sie von den Überresten der alten ägyptischen Religion verstehen konnten. Das Ergebnis war eine Philosophie, in der beide Elemente, zusammen mit Teilen der jüdischen Religion und den Religionen anderer Völker des Ostens, miteinander vermischt waren.

Es ist bekannt, daß die Gestalt des Hermes Trismegistos auf den ägyptischen Gott Thot (oder Toth) zurückgeht und Charakterzüge und Funktionen dieses Gottes übernahm. Ursprünglich Gott des Mondes, war Thot der Gott der Zeitrechnung und Astrologie, Berechner des Himmels und der Sterne und der Welt. Der Herr über Maß und Zahl, insbesondere bei der Vermessung der Tempelbauten. Der Gott der Schrift, der Bibliotheken, der bildlichen Darstellung. Und schließlich sah man in ihm den Urheber jeglichen Schriftstücks, insbesondere jeder Art Wissenschaft.

Die Griechen erkannten in den ägyptischen Göttern ihre eigenen Gottheiten wieder; so setzten sie ihren Hermes mit Thot gleich, dem göttlichen Erfinder der Magie, der Schrift und des gesprochenen Wortes. Thot-Hermes wurde vermenschlicht und verwandelte sich in einen legendären mythischen König, der 3.226 Jahre regiert und 36.525 Bücher über die Prinzipien der Natur geschrieben haben soll. Von dieser märchenhaften Zahl fabelte Manethos um 200 v. Chr. Jamblichos reduzierte diese phantastische Zahl auf 20.000, und bei Clemens von Alexandrien (um 200 n. Chr.), der selbst noch den Weg vom Heidentum zum Christentum gegangen war, waren es dann noch 42 Bücher, die er bei einer feierlichen Prozession hat umhertragen sehen und deren Inhalt er beschrieb.

Diese Bücher waren jedoch nichts anderes als anonyme Schriften, Kinder aus der Ehe zwischen der griechischen und der ägyptischen Philosophie. Der Verfasser solcher Werke wurde mit dem Namen Thot angegeben, vermutlich um ihnen dadurch ein hohes Alter zuschreiben zu können. So kam es, daß man Thot-Hermes für den Autor dieser Bücher und für den Begründer der Lehre hielt, die man später dann die hermetische genannt hat.

Niemandem in der Spätantike und im Mittelalter fiel es ein, die Echtheit dieses mythischen Gelehrten anzuzweifeln, von dessen Existenz die Denker Platon, Diodoros von Sizilien, Tertullian, Galen, Jamblichos und viele andere überzeugt waren. Von der ungeheuren Menge von Schriften, die Hermes Trismegistos zugeschrieben werden, blieb nicht viel übrig; es sind vierzehn kurze griechische

Texte und eine Reihe von Fragmenten, deren Erhaltung man christlichen Schriftstellern verdankt. Sie behandeln mystische und philosophische Ideen dieser frühen Epoche; auch jüdisches Denken, wie es bei Philon erscheint, sowie arabische Tradition kann man darin entdecken.

Die Tabula Smaragdina

Wir haben heute nurmehr ein blasses Bild von dem Zauber, den die *Tabula Smaragdina*, das Symbolum, der Kanon und der wahre Prüfstein der »göttlichen Kunst«, jahrhundertelang auf die Alchimisten des Mittelalters und der Neuzeit ausgeübt hat. Sie sahen darin das Grund- und Gesetzbuch ihrer Überzeugung von der Möglichkeit der Verwandlung, die Offenbarung höchster Weisheit und den Schlüssel zu den letzten Geheimnissen der Natur.

Die hermetischen Bücher wurden von den Alchimisten als das Vermächtnis der Geheimnisse des Hermes Trismegistos betrachtet, die nur darum in Allegorien eingehüllt waren, um zu verhindern, daß diese edle Wissenschaft in die Hände Unwürdiger fällt. Nur die Weisen konnten und sollten sich in diesem mythischen Labyrinth zurechtfinden.

Der Überlieferung zufolge wurde in der großen Pyramide von Gizeh eine Smaragdtafel gefunden, »in den Händen der Mumie des Hermes, in einer dunklen Grube, in der er begraben lag«. Dieses Dokument heißt *Tabula Smaragdina* und ist so eng mit der Alchimie verknüpft, daß wir sie hier vollständig wiedergeben:

Tabula Smaragdina

I. Es ist wahr, ohne Lüge und vollkommen wahrhaftig:

II. Was oben ist, ist wie das, was unten ist, und was unten ist, ist wie das, was oben ist, fähig, die Wunder des Einen zu vollbringen.

III. Und wie alle Dinge aus Einem gekommen sind, nämlich durch das Denken des Einen, so werden auch alle Dinge aus diesem Einen durch Anpassung geboren.

IV. Die Sonne ist sein Vater, der Mond seine Mutter. Der Wind hat es in seinem Schoss getragen; seine Ernährerin ist die Erde.

V. Dies ist der Vater aller Vollkommenheit in der Welt.

VI. Seine Stärke und Kraft sind unbeschränkt, wenn sie in die Erde umgewandelt sein wird.

VII. Du wirst die Erde vom Feuer, das Feine vom Groben trennen, sanft und mit grosser Geschicklichkeit.

VIII. Die Vollkommenheit steigt von der Erde zum Himmel hinauf und steigt wieder herab auf die Erde, um die Kraft der höheren und niederen Dinge zu empfangen. Auf diese Weise wirst du den Ruhm der ganzen Welt erlangen. Darum wird alle Dunkelheit vor dir fliehen.

IX. Dies ist die stärkste Kraft aller Kräfte. Denn es wird alles Feine überwinden und alles Feste durchdringen.

X. So ist die Welt erschaffen worden.

XI. Daher wird es wunderbare Angleichungen geben, deren Art und Weise sich hier findet.

XII. Darum bin ich Hermes Trismegistos genannt worden, weil ich die drei Teile der Philosophie der ganzen Welt besitze.

XIII. Und was ich über das Wirken der Sonne gesagt habe, hat sich erfüllt.

Die Grundaussage der *Smaragdina* läßt sich auf eine einfache und doch nicht leicht zu verstehende Formel bringen: Alles, was in den oberen Sphären geschieht, wirkt auf die untere Welt und prägt sich ihr ein. Alles auf Erden ist ein Abbild der Kräfte, die vom Himmel ausstrahlen. Der Mikrokosmos entspricht dem Makrokosmos. Das Göttliche und das Menschliche sind nicht voneinander getrennt, sondern stehen in untrennbarer Beziehung zueinander – Grundgesetze des Lebens von immenser Wirkung auf die Menschheitsphilosophie.

In den kryptisch formulierten Aussagen der Smaragdtafel erkannten die Alchimisten nicht nur die verschiedenen Stufen bei der Herstellung des Goldes. Die Vieldeutigkeit der Sätze gab – und gibt – unendlich vielen Deutungen Raum – weil die *Tabula Smaragdina* selbst ein alchimistischer Text ist, der verschiedene Traditionen aufgenommen und amalgamiert hat. Sie kann – zusammen mit dem ihr verwandten *Corpus Hermeticum* – als der Urtext der menschlichen Weisheit schlechthin gelten, als eine Art religiöse Geheimlehre, als ein Konzentrat aus verschiedenen religiösen und mystischen Anschauungen.

Der wahre Ursprung der Smaragdina

Um die Vorgeschichte der *Tabula Smaragdina* aufzuklären, müssen wir zurück nach Ägypten gehen. Aus alten Tempeln, aus königlichen Schatzhäusern, aus dunklen Grabkammern und Verstecken kommen die Schriften und Bücher, die das Geheimwissen enthalten, das die Überlieferung direkt den Göttern Hermes bzw. Thot zuschreibt. Traumgesichte und Visionen geben begnadeten Auserwählten Aufschluß darüber, wo sie die Bücher finden. Schon das *Buch des Krates*, frühestens im sechsten Jahrhundert nach Chr. verfaßt, kennt Hermes Trismegistos, den »dreimal großen Hermes« als weise Gestalt, die mit weißen Gewändern angetan auf einem Thron sitzt und eine leuchtende Tafel mit einer Inschrift in der Hand hält. Diese Tafel ist das Urbild der *Tabula Smaragdina*. Das Buch, das Krates fand, entspricht dem *Buch der Ursachen der Dinge*, das Apollonios von Tyana der Grabkammer zu Tyana entnahm. Wie das Buch des Krates »Vertreiber der Finsternis und Erleuchter der Helligkeit« heißt, so lesen wir in der *Tabula*: »Weil mit dir das Licht der Lichter ist, flieht vor dir die Finsternis.«

Wir wissen heute, daß Hermes Trismegistos keine historische Persönlichkeit gewesen ist, und es wurde auch keine Smaragdtafel im Grab des Meisters gefunden. Seltsamerweise ist die alte Legende jedoch nicht völlig falsch, denn die früheste Abschrift der *Smaragdina* findet sich im sogenannten Papyrus von Leyden, der 1828 in dem Grab eines unbekannten Magiers im ägyptischen Theben gefunden wurde.

In den Retorten der Alchimisten wurden die Mythen Griechenlands, Israels, Ägyptens und Arabiens zusammengeschmolzen. Alexander der Große und König Salomo besaßen angeblich den Stein der Weisen, ebenso Pythagoras, Demokrit und Galen. Wo immer in geschichtlichen Darstellungen das Wort »Gold« vorkam, bemühten sich die Alchimisten, wunderbare Erklärungen zu finden: Sie deuteten jede mythologische Erzählung als hermetische Allegorie. Wie in der Zeit der Gnosis und des Neuplatonismus wurden Legenden und Philosophien aus Ost und West zu einem erstaunlichen Weltbild verschmolzen: der Himmel der Theologie und das Universum der griechischen Philosophie, die Traditionen des Orients und die mythischen Figuren von Hellas vereinigten sich unter dem Zeichen des Hermes.

Seit der Zeit des mittelalterlichen Kirchenlehrers Albertus Magnus kannte man den lateinischen Wortlaut der *Tabula Smaragdina*. Aber es galt damals als gewiß, daß der Text aus der uralten phönizischen oder ägyptischen Sprache übersetzt sei. Man war lange Zeit überzeugt, in den Tempeln und Mysterienritualen Ägyptens den Ursprung der Lehre von der Weltseele zu finden, die man aus den Systemen Pythagoras' und Platons kannte. Die scheinbare Affinität zur Lehre des Christentums schien geradezu ein Beweis für das hohe Alter der Tafel zu sein.

Allerdings, ein »griechisches Original« der *Smaragdina* ist nicht bekannt. Immerhin lassen die Erwähnung des Hermes Trismegistos sowie des im Lateinischen ganz ungebräuchlichen Wortes *telesmus* eine Übersetzung aus dem Griechischen zumindest als möglich erscheinen.

Daß unter den Kopten auch die chemischen Kenntnisse ihrer Vorfahren lebendig geblieben waren, beweist der Papyrus von Leyden, der zwar griechisch geschrieben ist, aber in einer Weise, die ähnlichen altägyptischen Handschriften so sehr entspricht, daß man dieses Manuskript fast zwangsläufig für eine Übersetzung von Rezepten aus der Pharaonenzeit halten muß. Es gibt auch ein arabisches Original der *Tabula Smaragdina* mit einer wesentlichen Übereinstimmung der Einleitung und des Tafeltextes. Da ihre Verfasser unabhängig voneinander vergleichbare Ideen und Ausdrucksweisen entwickelt hatten, gab es zwischen der Bibel und den Schriften des Hermes etliche Analogien und Berührungspunkte; diese Ähnlichkeit machte auf die Führer der frühen Kirche einen tiefen Eindruck. Im dritten Jahrhundert gab der Kirchenlehrer Lactantius zu: »Hermes Trismegistos hat, ich weiß nicht wie, fast die ganze Wahrheit gefunden.«

Eine lange Reihe von Denkern bezeugt die Kenntnis der *Tabula Smaragdina* in der abendländischen Geschichte: Albertus Magnus, Arnaldus von Villanova, Raymundus Lullus, Petrus Lombardus, Hortulanus (der im elften Jahrhundert einen Kommentar geschrieben hat), Leonardo da Vinci, Agrippa von Nettesheim, Paracelsus von Hohenheim – sie alle kannten die *Tabula* und waren von ihr beeinflußt.

Doch warum war die Tafel mit der Quintessenz hermetischer Weisheit gerade aus Smaragd, nicht aus einem anderen Edelstein oder aus einem Metall? Wie das Quecksilber das Metall des Hermes ist – Hermes natürlich als Planetengott –, so ist der Smaragd der Stein des Hermes; er gehört zu seiner Charakteristik, zu seinen Attributen, wie das Eisen und der Blutstein zum Mars oder das Blei und die schwarzen Steine zum Saturn gehören. Stellt man diese Symbolik in Rechnung, braucht man sich nicht den Kopf darüber zu zerbrechen, ob es auch Smaragde gibt, die zur Aufnahme des Textes der Tabula groß genug sind oder ob die Tafel vielleicht aus einem anderen grünen Stein gewesen ist. Die Überlieferung von Geheimwissen auf Tafeln ist ein so oft verwendetes Bild, daß auch eine Sammlung mystisch dunkler Worte auf einer *Tabula Smaragdina* als plausibel galt.

Die alchimistische Theorie

In der Smaragdtafel sticht ein Satz als möglicher Hinweis auf viele alchimistische Theorien hervor: »Und deshalb wird alle Dunkelheit von dir fliehen.« Die Alchimisten wußten, daß das in ihren Retorten erscheinende Gold ein herrliches Licht ausstrahlen würde. Das schwere, erstarrte Material sollte zu Leben kommen. Es würde nicht gewöhnliches, sondern lebendiges Gold sein, das wie »das Gold in der Erde wächst«.

Hatten die Hermetiker einmal die Wahrheit begriffen, leuchteten auch sie wie lebendiges Gold, und die »Dunkelheit floh von ihnen«. So ging neben der Verwandlung von unedlen Metallen eine andere Transformation einher, nämlich die Verwandlung des Menschen – und die sieben Stufen des alchimistischen Vorganges waren die Symbole, die den Weg zur Seligkeit bezeichneten.

In solchem Ringen suchte der Alchimist die Vereinigung der Seele und des Geistes mit dem Göttlichen. Wissenschaftliche Erkenntnis war ohne jeglichen Wert, wenn sie nicht eine Läuterung der Seele zur Folge hatte. Und die Meisterschaft war der Beweis dafür, daß der Adept zu den Auserwählten gehörte. Die Alchimisten waren vom Gold besessen, weil es unvergänglich ist und weil sie es für die vollkommenste Substanz dieser Welt hielten. In ihrem Drang nach Vollkommenheit will die Natur nur Gold erzeugen. Und wie die Natur, so sollte daher auch der Mensch nach dem Göttlichen streben.

Zurückgezogen lebten die Alchimisten für sich, als ob sie sich stillschweigend gegen die Welt um sie herum wehrten. Die Seele des

Alchimisten konnte in den dogmatischen Lehren der Kirche keine Ruhe finden. Für den wahren Gläubigen war der Glaube die Seligkeit; der Alchimist aber wollte Gott *verstehen* und *erkennen*, und zwar dadurch, daß er die wunderbare Kraft kennenlernte, die Gott der Materie gegeben hat. Mit seinem Geist wollte er das Höchste ergreifen und durch Studium und Kontemplation allmählich zum göttlichen Licht emporsteigen. Mit diesem Background entwickelte sich die Alchimie zu einer Philosophie, so kühn und so ausgreifend, daß man sie nur noch in Bildern verstand. Nie waren die Menschen glücklicher, gewisser, entdeckungsfreudiger als damals. Und wenn es ein Traum war, an den sie glaubten – was ihnen ihre Gegner unermüdlich vorwarfen –, dann war es ein schöner Traum. Als er zu Ende ging, zerbrach die Einheit der Welt.

Der Stein der Weisen

Für den Alchimisten gab es so etwas wie eine unorganische Substanz nicht: Alle Substanzen sind belebt. Das Leben steht unter dem geheimen Einfluß der Gestirne, die auf die Vollkommenheit der Metalle hinarbeiten. Nach anfänglicher Unvollkommenheit verwandeln diese sich allmählich in vollkommene Substanzen, und nach ihrer letzten Verwandlung, derjenigen in Gold, ist der Prozeß abgeschlossen.

Dies waren jedoch nur Theorien, und um sie zu beweisen, mußten Umwandlungen erfolgreich durchgeführt werden. Vom zwölften Jahrhundert an erklärten die Alchimisten, daß dazu ein bestimmtes *Agens* nötig sei. Diesem Agens gaben sie viele Namen: Stein der Weisen (*lapis philosophorum*), großes Elixier, philosophisches Pulver, Quintessenz usw. Man glaubte, wenn dieser Stein die flüssigen Metalle berühre, so verwandle er sie in Gold. Außer seiner Kraft, Metalle zu verwandeln, hatte der Stein der Weisen weitere wunderbare Eigenschaften: Er konnte alle Krankheiten heilen und das Leben über seine natürlichen Grenzen hinaus verlängern.

Doch worin bestand das Wesen dieses Steins mit den wunderbaren schöpferischen Kräften? War er ähnlich zusammengesetzt wie die heiligen Steine, welche die Ägypter im Altertum herstellten? Das ist wenig wahrscheinlich. Die magischen Steine der Ägypter waren Kultgegenstände. Es wohnte ihnen eine ähnliche übernatürliche Kraft inne wie der *Kaaba* der Mohammedaner; der Stein der Weisen besaß dagegen wunderbare magische Kräfte.

In der Natur sind das männliche und das weibliche Prinzip – die Sonne versinnbildlicht den Vater und der Mond die Mutter – immer getrennt. Durch die alchimistische Kunst sollen die beiden Prinzipien vereinigt werden, und aus dieser Vermählung wird der Stein der Weisen geboren, der zugleich weiblich und männlich, d.h. ein *Hermaphrodit* ist. Das Sinnbild menschlicher Vollkommenheit ist also der Hermaphrodit, da, wie wir schon gesehen haben, die Seele und der Geist zu einer Einheit verschmolzen werden müssen.

Die bleibende Bedeutung der Smaragdina

Mit dem Siegeszug des Christentums ist auch – wie so vieles andere – die auf Hermes gegründete Philosophie überwunden und vernichtet worden. Doch die Astrologie und die Alchimie konnte es nicht besiegen. Eine neue hermetische Literatur okkult-religiösen Charakters bildete sich im Orient und wanderte durch die Vermittlung des Islam zurück ins Abendland.

Das zwölfte und dreizehnte Jahrhundert hatte dem Abendland die Bekanntschaft mit der arabischen Wissenschaft gebracht. Im vierzehnten und fünfzehnten Jahrhundert waren mit der Wiedererweckung der klassischen Antike auch die griechischen Quellen der Wissenschaften und der Philosophie in den Kreislauf des geistigen Lebens gelangt. Im Zeitalter der Reformation wurde der Blick auf die hebräische Sprache gelenkt, in der nicht nur das Alte Testament und ein Teil des Talmud, sondern auch geheime Weisheit der Juden geschrieben war, in die sie auch manches arabische Werk übersetzt hatten. Dann schien das hermetische Denken überholt worden zu sein – überholt vom Rationalismus, von der Aufklärung, von der exakten Naturwissenschaft.

Doch warum sollten wir diese alten Texte heute ignorieren? Etwa weil Astrologie und Alchimie nicht mehr als »Wissenschaft« gelten? Oder weil Magie zwar noch recht viel mit Religion, aber nichts mehr mit Philosophie oder gar Aufklärung zu tun hat? Sind die Grenzen zwischen diesen Gebieten, die Unterschiede des Willens zu erforschen, »was die Welt im innersten zusammenhält«, wirklich so scharf? Haben nicht auch die Vertreter der antiken Wissenschaft ein Anrecht auf den Glauben, von Gott inspiriert zu sein?

Es spielt heute keine große Rolle mehr, ob Hermes Trismegistos als Urheber der *Tabula Smaragdina* gelten kann oder nicht. Wer jener Hermes gewesen ist, der auf dieser Tafel, unter geheimnisvollen Worten versteckt, das Mysterium des Steins der Weisen überliefert haben soll, in welcher Sprache und Schrift sie geschrieben und wo und wann ihr Verfasser gelebt hat, wo die Tafel aufbewahrt und später gefunden wurde – das alles ist interessant zu wissen oder zu spekulieren. Doch sind die Texte der *Tabula Smaragdina* und des *Corpus Hermeticum* auch nicht ganz so alt, wie man früher annahm, so sind die »Reflexe« der Smaragdtafel in allen möglichen philosophischen und religiösen Schriften zu erkennen.

Heute ist die wissenschaftliche Phantasie, die früher in alle Weiten schweifte, gezügelt, eingespannt in strenge Methodik. Die Welt der Elemente ist entmystifiziert, überall herrscht das unbeugsame mathematisch-physikalische Gesetz. Es gibt keine Überraschungen, keine Wunder mehr. Die Frage bleibt, ob tatsächlich die letzten Geheimnisse enthüllt sind, wenn wir die Welt in Atome und Elektronen und noch kleinere Partikel aufgelöst haben? Bleibt dann nicht immer noch die Frage nach dem Sinn der Welt und nach dem Sinn des Lebens? Unüberbrückbar scheint noch immer der Gegensatz zwischen der kritisch-analytischen und der mystisch-synthetischen Tätigkeit des menschlichen Geistes.

Wir haben die *Tabula Smaragdina* nicht mehr alchimistisch wie in Mittelalter und Renaissance gedeutet, sondern mystisch-philosophisch: als grandioser Grundtext für menschliche Verwandlung. Es gilt nicht mehr, Gold in Retorten herzustellen oder den Stein der Weisen zu finden. Wohl aber gilt es noch immer, die Gesetze des

Lebens zu erkennen: den Menschen in seiner Beziehung zum Göttlichen und zur Natur.

Johann Wolfgang von Goethe, der Dichter, welcher sich wie kein zweiter in den Geist der Alchimie vertieft hat, brachte in »Faust. Der Tragödie Erster Teil« (1808) den Grundgedanken der *Tabula Smaragdina* in dem wohl berühmtesten Monolog auf der Bühne des Lebens zum Ausdruck:

Wie alles sich zum Ganzen webt,
Eins in dem andern wirkt und lebt!
Wie Himmelskräfte auf- und niedersteigen
Und sich die goldnen Eimer reichen!
Mit segenduftenden Schwingen
Vom Himmel durch die Erde dringen,
Harmonisch all' das All durchklingen!

Welch Schauspiel! aber ach! ein Schauspiel nur!
Wo faß ich dich, unendliche Natur?

Wir finden die Weisheit nicht mehr in »goldnen Eimern«. Wir sehen auch nicht mehr die »Himmelskräfte auf- und niedersteigen«. Doch unser Wunsch, die »unendliche Natur« zu fassen, unseren Standort in ihr zu bestimmen, das Leben nicht zu verfehlen, sondern es gut und im Einklang mit der Natur zu leben – dieser Wunsch ist brennender denn je.

ISBN 978-3-85179-020-7

Bildredaktion und Ausstattung: Renaissance Books, München
Alphabet-Illustrationen: Antonio de Pian
Übersetzung: Friederike Berner und Julian Eschbach
Umschlaggestaltung: Stefan Hilden, München
Layout und Satz: Christine Paxmann, München
Druck und Bindung: Grasl Druck & Neue Medien, Bad Vöslau

www.thiele-verlag.com